橋樑書在寫作教學上的運用

黃春霞——著

序

　　閱讀是一切學習的基礎，而寫作則是閱讀的運用。至於在語文教學領域中，作文教學則是最困難的部分，它必須指導學習者結合情感的表達和思想的傳遞，使其成為較高層次的語文能力表現。

　　閱讀與寫作一直是國小語文教育最難面對的事項，因為閱讀是終身學習的基礎，而寫作是個人與世界溝通的橋樑，它們的重要性都不言可喻，但卻又不知如何著手教學才讓學習者具備這種智能。為了提升學生的語文能力，有必要將橋樑書結合寫作，並運用於寫作教學上，達到閱讀促進寫作教學的目標。因為藉由閱讀教學方式，可以讓老師在進行寫作教學時，激發出學生更多的想像空間和創意。教學者從孩子生活周遭的讀物、作品中取材，把從「橋樑書」發展到「新橋樑書」而帶入寫作中，透過斷裂的銜接、空白的填補和菁華的發揮等引導書寫，就可以將寫作教學重新開展。

　　依經驗，學習者不能養成良好的閱讀習慣，就無法開啟永續學習的大門；而無法充分表達，無異於關掉一扇機會的窗戶。因此，上自教育決策官員、學者、意見領袖，下至基層教師與家長，對提升孩子閱讀與寫作能力，莫不全力以赴，幾乎成了全民運動；只是成效仍然不彰，尤其是寫作「進展」還是很有效。為了改善

這種情況，試著採行橋樑書來輔助教學且在寫作教學上運用，兼顧學習者閱讀與寫作能力的培養，在目前看來不啻是最佳策略。

　　在東大語教所的這段日子，最感謝的就是所長周慶華教授，從研究主題指引、架構擬定、方向的運用到每一章節的細論，周老師都給予我諄教與指導，引我進入學術的領域，除了專業領域的指導外，在為人處世及日常生活中的應對，老師都以寬厚、包容的心來對待，還有二位口考委員不吝指教，對我的論文提出寶貴的意見。

　　在所裡也謝謝同儕梅欣、柏甫、文榛、子剛、綺環、秉霖、若涵平日在學業上的相互勉勵與生活上的照顧，這些歡笑的日子皆會化成美麗的回憶銘記在心。還有因為所裡有你們這些活潑熱情的小朋友，讓離開校園多年的我，生活變得多采又多姿，心中滿溢的感謝，無法以隻字片語來傳遞，僅將在這論文產生的同時寫下心中的感謝；同時也感謝學校同事的體諒與協助；還有班上的小演員們，感謝你們全力的配合。

　　在語教所的點點滴滴，曾經花團錦簇過的空間裡，都會伴隨我們之後人生旅途中最重要最美好的回憶。

春霞　寫於東大　101.06

目　次

圖　次

── 表　次

第一章　緒論

第一節　研究動機

　　從小學到高中，「作文」都列在每星期的課表裡，到底學作文是為了什麼？很多家長送孩子到作文班，唯一的目標只是讓孩子學寫作技巧，在基測中得「高分」。然而，很少人知道為什麼要寫作。寫作真正的意義在哪兒？寫作是一種溝通，用文字傳達想法，表達感情，跟身邊的人、事、物說話。因此，寫作才會被列入孩子基本能力的測驗中，這是一生都用得到、也必須用得好的溝通方式，並不僅止於狹隘的升學目的。試想，有一天孩子離開學校，不論是一篇求職的自傳、一份市場調查報告、一封和廠商來往的信件，甚至一封情書，都必須依賴寫作的能力，才能達到基本的溝通目的，或是邁入人生事業另一個高峰的動力。此外，文字還有一種無可替代的影響力，它可以跨越時空，與人分享，成為人類經驗的記憶體和文明演化的養分。

　　事實上不只是家長不懂什麼是寫作，就連老師也很困惑如何教作文。傳統中的作文教學方式為「口語」教學，意即教師說、學生聽：教師引導學生第一段寫什麼，第二段寫什麼，然後學生開始寫作。這種教學法，可能有短期的效益，孩子迅速填完格子，

寫出一篇文章，但是無法學會思考，組織想法，落筆成文。換句話說，即使孩子學會很多種寫作技巧，卻可能寫不出自己的想法。或是換個題目、無人引導、沒有範本就無法寫作。這樣的教學模式，一點樂趣和實際效用都沒有。

　　照理寫作與閱讀是相輔相成的，有輸入才有輸出，喜歡閱讀的孩子從書的世界裡，領略到、學習到各種情意與認知的能力，再將這些能力運用在寫作中。而當孩子在寫作過程遇到瓶頸時，閱讀的習慣又會帶領孩子通過瓶頸，進入另一種境界，所以孩子寫作的心情都是愉快的。

一、橋樑早就有了——故事媽媽與橋樑書

　　當臺灣的繪本越來越多、更多孩子開始從小閱讀時，有一些大人卻憂心忡忡，擔心孩子從小看畫面優美、生動的繪本，會養成依賴、懶惰的習慣，導致將來不願意閱讀純文字書。對於這樣的憂心，我個人覺得沒有必要，因為「閱讀」有其目的性和必然性，當個人有需求時，自然就會尋找資源，不會因看多了繪本，就不願意閱讀文字，直到現在還沒聽說有哪個人完全拒絕閱讀文字呢！不過，我也能理解大人的心情，他們是怕孩子輸在起跑點，希望孩子能夠早一點獨自閱讀，並閱讀更有深度的作品。這個期待的聲音得到各方的共鳴，於是臺灣的出版社最近開始大量出版所謂的「橋樑書」，巧妙的調整圖文的比例，讓孩子慢慢的從圖像閱讀過渡到文字閱讀階段。

　　其實，早在「橋樑書」的概念還沒風行前，坊間就有很多能

夠吸引孩子閱讀的文字書，只是沒有被廣泛注意並賦予「橋樑書」的功能罷了。1994 年 3 月在臺灣出版的《雞毛鴨》（信誼基金會出版），全套三輯，共有十五個故事，每個故事都很有趣。第一本是《雞毛鴨來了》，第一個故事交代雞毛鴨的誕生。原來雞毛鴨是一隻生下來就全身無毛的赤膊鴨，爸爸媽媽說牠是因為身體有病才這樣。於是赤膊鴨去找醫生，希望能醫好這個病，沒想到醫生起了壞心眼，幫牠打了麻醉針後把牠丟進鍋子裡煮，煮了一會兒後醫生喝了一口湯想嚐嚐味道，沒想到喝到被釋出的麻醉劑，昏倒了；後來赤膊鴨醒了過來，從熱鍋中跳出來，看到醫生昏倒了，就自己在診所裡找藥，後來看到一支雞毛撢子，就把雞毛拔起來插在自己的身上，於是變成雞毛鴨。

　　雞毛鴨身上的雞毛可以拔起來，也可以再插上，在這個條件下，雞毛鴨的故事就變得更神奇又有趣了。牠可以又變成赤膊鴨、還可以送雞毛給小女生當毽子和差一點被騙去三根尾毛做成飛鏢……每個故事都短短的，在開始介紹雞毛鴨的故事時，我就告訴小朋友這是一套書。後來每次我講完主故事，小朋友就會主動要求聽雞毛鴨，還有小朋友說他已經看過那些故事了，但是我覺得那些看過故事的人，更期待聽我講，因為他們叫最大聲，還會指定我講哪一則。除了《雞毛鴨》，十幾年來隨著我進教室，激發小朋友搶著去借來看的書還有《青蛙和蟾蜍》（上誼出版）、《喬治與瑪莎》、《貓頭鷹在家》、《老鼠爸爸說故事》、《大象舅舅》、《小豬離家記》、《老鼠湯》、《蚱蜢旅遊記》、《露西兒》（以上遠流出版）等，這些可說是臺灣「橋樑書」的先驅。也因為有這些書，才讓我更篤定「從聽故事到閱讀」這條路的通暢無礙。「橋樑書」帶著

過渡孩子閱讀習慣的責任，因此更需要大人的嚴格檢驗：在圖像
與文字交換角色的過程中，是否還能保有文學的美感、藝術的風
華、童趣的味道，而不是只把故事寫短、把字放大，再放上插圖
而已。在此刻臺灣「橋樑書」多到讓某些學者覺得有氾濫嫌疑，
說故事人可要幫忙把關，試著把這類書拿去教室說。好故事自然
會讓人想一說再說，也會吸引孩子去閱讀。實地去運用，就知道
這本書好不好了。（蔡淑媖，2010）現在就把目標鎖定在「橋樑
書」，無妨大家一起出發！

二、橋樑書把孩子帶進獨立閱讀的門

橋樑書是為了幫助孩子完成從聽故事到自己讀書、從讀圖到
讀文字的過程而專門創作的兒童讀物，在圖文比例和文字難度上
均具有過渡性質。事實上，孩子從認字到獨立閱讀並不像成人想
像的那樣自然而然。閱讀能力的發展有其自身的規律，橋樑書概
念的提出正是要替孩子們提供最適合的書，讓他們萌生閱讀一整
本書的自信，從而為將來的獨立閱讀打開一條綠色通道。海峽對
岸也開始流行這類書：第一套在封面上明確標著橋樑書的童書，
當屬廣州出版社 2008 年出版的我愛閱讀系列叢書。這套翻譯法
國巴亞的圖書，在歐洲也是按照分級閱讀的概念，分成了紅、黃、
藍三個難度級別。短短兩年時間，橋樑書似乎已經成為童書出版
領域的新熱點。到童書市場上看看，標有橋樑書字樣的書雖不至
於氾濫，但已頗為可觀。因此，有人說橋樑書有泡沫，有人說橋
樑書缺乏學理依據。（中國教育報，2011）

中國的童書市場總不缺乏這樣的冷眼觀察者或理性思考者。當任何一個新的出版熱點出現時，他們總是習慣性地想像：這一定是在炒作，一定是出版社在愚弄讀者。因為這些新的概念，如近幾年童書出版中比較熱門的圖畫書、分級閱讀等超出了他們閱讀經驗的範圍，讓他們感到不安，所以他們總是用一些似是而非的言論，讓一些難以接受新鮮事物的讀者作出否定判斷。（中國教育報，2011）

橋樑書來自歐美一些閱讀和閱讀研究的大國。英文的橋樑書是從簡易讀本開始，直到章節書，再往上可以銜接系列書。在《給孩子 100 本最棒的書》中，專門有一個針對 5－7 歲年齡段的推薦，其實就是橋樑書。不可否認，橋樑書剛開始並不是有理論指導的出版物，而是來自小讀者的需求。經典橋樑書《小熊》的編輯靈感，來自於哈波柯林斯出版公司的編輯厄休拉經常聽圖書管理員說，不少孩子去借書時常常會說：這書我能自己讀！於是她萌生了要為這個年齡段的孩子編一套圖書的想法。慢慢地，這類書在市場上被讀者認可後，才越來越成為編輯的自覺，到後來分類越來越細化，有些出版社在簡易讀本中就會分出四五個不同的級數，跨越的年齡大約從學齡前到三四年級，以知名度最高的哈波柯林斯公司出版的我會讀系列為例，第一級的適讀年齡正是學齡前到一年級。（中國教育報，2011）

橋樑書概念的提出，既是童書出版觀念的創新，又是呵護兒童閱讀能力的表現。過去的童書出版常常只有題材概念，如兒歌、童話、兒童小說等；或者只有時間概念，如年度最佳兒童文學選、新時期兒童文學選等；或者只有作家的概念，如某一位作家的作

品集等。在所有這些角度中，最缺乏的是閱讀理念和讀者年齡的概念。例如兒童的閱讀是如何起步的？他們要經歷怎樣的閱讀歷程？兒童在每個年齡段閱讀的特徵是什麼？這些問題很少有人研究，書店童書櫃檯的擺放也常常是按體裁來分類。橋樑書正是看到了孩子們在閱讀時的困難，作為特定的讀物幫助他們平穩過渡。從圖像閱讀過渡到文字閱讀，對很多孩子來說並不是件容易的事情。（中國教育報，2011）

三、引導孩子成為成熟的閱讀者

橋樑書不只是書籍文圖比例發生變化，它還意味著閱讀方式的變化。如果說圖畫書主要是親子共讀的話，橋樑書則要培養孩子獨立閱讀。獨立閱讀後才能大量閱讀，直到成為成熟的閱讀者。這個時期的小讀者，多多少少也認識了一些字，但還不能自動化地一見就知道，閱讀的流暢度也大受影響。根據調查，很多孩子在小學低年級階段就放棄了閱讀。這時候，橋樑書的作用就會顯現出來。例如中國少年兒童新聞出版總社的橋樑書《小妖怪童話》系列，每本書約有 4000 字，從整個版式看，每頁圖佔了 2/3 的篇幅，文字有 40－100 字。對 5-7 歲的孩子而言，閱讀後會有一種我也能讀一本書了的自信。（中國教育報，2011）

當然，不是所有的小讀者都需要橋樑書，兒童的閱讀有速度和風格等方面的差異。可是對於閱讀研究者而言，要思考的恰好是這些閱讀困難的學生的問題。因為造就一個成功的閱讀者，就是為教育做了一件最重要的事。一個會閱讀的孩子，總能透過閱

讀實現自我成長。而對於一個不會閱讀的孩子，再多的教育彌補措施都收效甚微。很多橋樑書都是經典之作，例如「花襪子彩烏鴉成長故事」系列就在全球暢銷了十四年，頑皮的花襪子也已經成為很多孩子最喜歡的角色。所以退一步講，即使不從橋樑書的角度，這些圖書本身也是值得孩子閱讀的好書。（中國教育報，2011）

　　目前橋樑書仍然是引進版居多，但本土原創也已經不少，而且品質很好。例如浙江少年兒童出版社的橋樑書開心讀──方素珍系列，海燕出版社的我愛閱讀橋樑書系列。有人認為，橋樑書的編輯一方面要有清晰的編輯理念；另一方面也要更關注學理。畢竟我們還缺乏對橋樑書的一些關鍵要素，如文字、詞彙難度、句型結構的基礎研究。等到橋樑書成為成人口中的常見詞語時，這個類型的童書才算真正成熟。現在，一切才剛剛開始！（中國教育報，2011）

　　閱讀，是一切學習的主要基礎，而寫作則是現今的熱門話題。閱讀與寫作一直是國小語文教育最難面對的事項，因為閱讀是終身學習的基礎，而寫作是個人與世界溝通的橋樑，它們的重要性都不言可喻，但卻又不知如何著手教學才讓學習者具備這種智能。依經驗，學習者不能養成良好的閱讀習慣，就無法開啟永續學習的大門；而無法充分表達，無異於關掉一扇機會的窗戶。因此，上自教育決策官員、學者、意見領袖，下至基層教師與家長，對提升孩子閱讀與寫作能力，莫不全力以赴，幾乎成了全民運動（中國教育報，2011）；只是成效仍然不彰，尤其是寫作「進展」還是很有效。為了改善這種情況，試著採行橋樑書來輔助教學且

在寫作教學上運用，兼顧學習者閱讀與寫作能力的培養，在目前看來不啻是最佳策略。而這就是我個人的研究動機所在。

第二節　研究目的與研究方法

寫作可以用來紀錄思維結果，整合內在想法、情感，並促進反省思考，成為一種學習工具。提升寫作力是目前語文教育極為重要的一個目標。Butler 和 Bemtley 指出，寫作是一種文字理解和發現的歷程、運作文字的過程中，融入個人經驗，發現意義、產生創作。作文能力的培養，是學習其他各種學科知識的基礎，例如作筆記、寫讀書心得報告、說故事、撰寫演講稿、觀察紀錄、討論等，無一不以作文能力的高低強弱息息相關。（引自杜淑貞，1997：21）

閱讀與寫作是一體的兩面，閱讀的質與量直接關係到學童掌握書面語言的能力。目前小學一週僅有五至六堂的國語課，大多數的老師要趕考試的進度已經很吃力，只能努力擠出一點時間帶孩子到圖書館看書或寫作。

雖然教學方法的相關書籍數量眾多，但是專論語文教學方法的專書並不多見。在周慶華所著的《語文教學方法》一書中，以圖示的方式呈現探索語文教學方法研究本身的目的和探索語文教學方法研究者的目的兩個部分來說明：

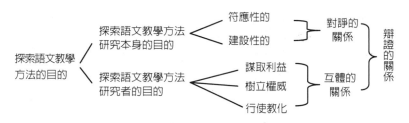

圖 1-2-1　探索語文教學方法的目的示意圖（資料來源：周慶華，2007a：17）

　　目前許多相關的語文教學研究偏重於探索語文教學方法者目的的達成，也就是想透過探討語文教學活動來謀取利益、樹立權威、行使教化。但本論述希望透過這套理論提升寫作教學成效，建構可以用來自我提升寫作教學的成效與作為其他教學者改善寫作教學的參考，以及提供寫作教學政策擬訂的借鏡；而在達到探索語文教學方法研究者的目的外，更希望能在探索語文教學方法本身的目的上，建構出更高層次的理論模式，讓實際教學者能在穩固的理論下使用所建議的教學方法。本研究的目的包括兩個部分：一為研究本身的目的（就是建構一套橋樑書與教學結合以便提升寫作成效的理論）；一為研究者的目的（就是藉所建構理論來多方發揮作用）。以下分別說明：

一、研究本身的目的

（一）「讀」出寫作力

　　本研究經由理論架構的建立、藉由橋樑書的類似概念編選孩子需求的閱讀教材。一般小學最常見的推廣閱讀方式是以量取

勝，借書達一定的數量就可以換取禮物，或是得到小博士之類的資格獎，但不知在班級中閱讀和寫作課質的深化方為關鍵。在建構一套橋樑書與教學結合以便提升寫作成效的理論時，有幾個經驗分享：在高年級帶領閱讀與寫作的經驗，首先引導學生寫作，主要是從主題寫作可相關扣合的課文，結合習作作文及各單元統整活動的寫作指導，將寫作教學想法、課文教材分析、教材聯絡、教學設計及流程、學習單設計、學生作品賞析等分門別類，用最淺顯易懂的文字，最清晰明瞭的圖像，最貼近教學現場的語言，呈現語文寫作教學實錄。再者分組閱讀「漫畫臺灣史」，各組以人物為核心，分享臺灣各時代重要歷史人物與事件，並且在參觀歷史機構後，習寫自述性文章「臺灣的成長故事」；也帶領學生閱讀短篇與長篇的小說，並教導如何畫故事結構圖、嘗試短篇小說的創作等活動。也可以同時教四課的課文，進行跨文章的比較和討論，以及跨課的修辭練習。省下來的時間，就可以做這些跨領域的課程，充實學生的閱讀和寫作。如此跨課與跨科目的融合，正是自信地展現出專業教師的智慧。倘若每位老師都可以這般放開趕課壓力的枷鎖，家長就不必一窩蜂地補這補那兼補作文了。

（二）獨立閱讀

閱讀的推廣焦點在於增進親子共讀，培養孩子對於閱讀的興趣。進一步話，則是養成孩子對於文字與書本的知覺。學校致力於推展親子共讀，但常不得領，效果依舊有限，很多家長發現為何我的孩子從來不主動閱讀？從親子閱讀過的書單，發現不論是在家中或是學校，所提供的書籍大多以故事性的書籍為主，缺乏

培養基礎閱讀能力的圖畫書。因此，小朋友喜愛聽故事，也沈醉於親子共讀的親蜜互動，但並無法從中找到獨立閱讀的自信。面對這個狀況，只要在書單中加入可預測性書籍的閱讀，問題自然迎刃而解。

（三）搭建橋樑

剛學會識字，對從需要大人協助的親子共讀中逐漸發展獨立閱讀能力的小孩來說，這一級的橋樑書是幫助他們延續閱讀習慣和建立閱讀自信很重要的媒材。（劉清彥，2007）因此，劉文中也以美國的經典橋樑書「小熊」系列為例，說明文字敘述在謹慎篩選與組合的語句中，呈現反覆句型的韻律與幽默感，層層疊疊的結構中有遣詞的細部變化，藉以強化文學技巧：首先我們從語言特性的差異來看，英語為拼音文字，其發音規則從文字的念讀就可歸納出來，因此歐美的許多圖畫書是「可預測性書籍」，讓孩子藉重複且可預測的語句學習文字規則和基本句型，而進階的句型則置於文字較多的橋樑書中學習。中文是一字一音的意音文字，孩子需逐字學習、或是緩慢地逐字拼音念讀。倘若不是已有大量閱讀經驗充實個人的文字經驗庫，一下子就接受句型較複雜的翻譯橋樑書，要獨立閱讀是一件相當辛苦的事。我必須很實際地提醒幼稚園和低年級的現場教師，能夠落實推動親子共讀的班級只佔一部分，在這一部分的班級中，家庭內能真正做到親子共讀的恐怕還不到一半。因此，要我們這些剛學識字的孩子閱讀，而且進一步獨立閱讀，我認為在這份書單中仍需要可預測性書籍的加入，方能搭建協助孩子進階的橋樑。

（四）「活」出寫作力

　　閱讀到的世界再如何豐富多元，孩子實際面對的終究是家庭與學校所構築的生活圈。寫作課無法教價值觀，因為這需要時間來浸潤，也需要在遇到衝擊時去思考澄清；寫作課無法教美感，因為這需要環境的薰陶；寫作課無法教感動，因為那需要人的善解、物的觀想、事的點化。因此，寫作力與其要教得踏實，倒不如先活得精采！我個人服務的小學，位於臺東縣的原住民部落，家長大多以務農維生，且隔代教養居多，對於孩子的教育輕忽而不重視，所以我必須面對班上多數語文程度不佳的問題。對於寫作，多數的學生一碰到作文，總是草率應付。為了讓學生能有寫作的興趣，我嘗試進行閱讀寫作教學，希望能提高學生的學習興趣。首先重視的是閱讀教學，因為藉由「閱讀理解」才能夠深刻的學習「寫作」，二者息息相關，身為老師的我應把握住此要點。句子能銜接、短句能擴寫、段落能充實，是閱讀與寫作的基本功。便以此為目標，其中的連接詞、句子之間、重點句、擴寫句子等，在取材上直接選取國語課文是最方便的。當然，並非每一篇文章都適合進行以上這些教學，而是提出文章特別處，每一學期以一至二的目標為主，先理解再精熟，透過多篇文章的經驗累積，孩子的寫作地基會更穩固。常用的修辭類別，也是可以選取重點作教學。修辭類別，又分為基本例句與近階例句。所謂基本例句，是指該年級學生應達到的基本水準；進階例句則是提升程度所用，可鼓勵學生進此程度多練習。接下來是以摘要和文章架構為主。其中敘述文章重點仍是由故事線發展出架構，可以選擇短篇

故事或繪本來進行閱讀教學練習寫作。

　　所以透過大量閱讀，多方面的增廣見聞、汲取知識、累積經驗，然後勤於動筆寫作，自然而然就能發展出自己一套相關閱讀與寫作經驗法則，這都是孩子一生帶得走的資產。（陳純純、江文謙、王文秀，2006：13）有鑑於此，我想透過先行閱讀橋樑書的方法，試圖建構出一套相關閱讀寫作教學模式，提供給閱讀寫作創作者、閱讀寫作教學者、閱讀寫作欣賞者、閱讀寫作研究者等作為參考借鏡。

二、研究者的目的

　　（一）希望藉這一套橋樑書與教學結合的理論建構來自我提
　　　　　升寫作教學的成效。
　　（二）希望藉這一套橋樑書與教學結合的理論建構來作為其
　　　　　他教學者改善寫作教學的參考。
　　（三）希望藉這一套橋樑書與教學結合的理論建構來提供寫
　　　　　作教學政策擬訂的借鏡。

　　以上這些是本研究解決問題後綜合所要達到的目的。而為了方便達到目的，本研究自然要使用一些相應的方法。也就是說，在理論建構的每一環節都需要選擇適當的方法，為研究內容作最佳的闡釋。因此，當研究問題與目的確定後，接著將本研究所需使用的方法加以說明。

　　現象主義方法，是指探討所經驗的語文現象的方法。（周慶華，2004a：94～95）它的現象觀是指所能察覺的對象。（趙雅博，

1990：311；周慶華，2004a：95）也就是包括相關的人、事和作品，以及彼此間互動的複雜關係。因此，第二章「文獻探討」將借助現象主義方法加以探討橋樑書的定義，圖像閱讀與文字閱讀、橋樑書與閱讀教學的關係，就個人經驗所及的相關研究成果予以整理、分析和批判，並從文獻中去探取此一課題在教學實施上的新可能性，以便此後第三章所處理的「橋樑書的源流」、「就橋樑書的理論與實務問題」、「新橋樑書觀念建立的必要性」等課題，有進一步開創性的說明，是本研究帶給讀者的「新意」所在。

　　檢視過文獻後，第三、四章談的是「從舊橋樑書到新橋樑書」和「橋樑書與寫作教學結合的契機」，將採用強調後設思考的哲學方法（周慶華，2007b）來加以探究。基進（**radical**），是一種空間和時間中的特殊的相對關係，旨在突破一切既有的規範（傅大為，1994）；而以它作為改善教學的策略所形成的理論，就是基進教學理論。（周慶華，2007a）以此理論，來處理研究第五、六章談論的「橋樑書與寫作教學結合的向度」、「橋樑書與寫作教學結合的具體做法」，希望能因此而突破既有寫作教學的窠臼。

　　質性研究法，是指實證研究的模式之一。它特別重視參與觀察和深度訪談，以便取得相關的語文資料而形塑一套理論知識。它有五個特質：（一）研究中收集的資料，是人、地和會談等「軟性」資料的豐富描述；（二）研究問題並非由操作定義後的變項來界定，而是在複雜的情境中形成研究；（三）研究焦點可以在資料收集中發展而成，而不是一開始就設定待答問題或待考驗的假說；（四）了解行為必須由被我的內在觀點出發，外在因素僅居次要地位；（五）傾向於在被我的日常生活情境裡，跟被我作持久接觸，以收

集資料。它的模式約略是「經驗介入設計發現／資料收集解釋／分析形成理論回到經驗」。（高敬文，1995；周慶華，2004a：204）最後就用此質性研究法來作「實務印證及其成效評估」，屬於橋樑書在寫作教學上的實踐。而這將根據所收集到的觀察日誌、訪談錄音、回饋單等資料轉化為文本形式，然後透過資料轉譯進行分析，將實證的資料，透過交互對照運用、歸類和比較作為理論建構的印證。

　　以上各種研究方法的使用，依據周慶華在《語文研究法》一書中提到的任何一種方法「只要有它所能發揮的功能，相對的就會有它所受到的侷限」（周慶華，2004a：164）予以對照，因為有所侷限，無法完全顧及研究對象的各個層面，所以運用各種研究方法互相搭配論述，以期研究能更臻於完善。

第三節　研究範圍及其限制

　　對於本研究探討的問題，具體說明如下：周慶華《語文研究法》一書中，對於「理論建構撰寫體例」提出以下說明：

> 理論建構，講究創新。大致上從概念的設定開始，經由命題的建立到命題的演繹及其相關條件的配置等程序而完成一套具體系且有創意的論說。（周慶華，2004a：329）

　　據此論點，將研究中涉及的理論架構整理出來：橋樑書、寫作教學（概念一）。新橋橋書、跳躍斷裂空白、銜接串聯寫作教材、想像能力互補、對比中找到寫作題材（概念二）。

　　概念設定後，接著要建立命題和進行演繹所要形塑的論點和可以發揮的推論功能：從舊橋樑書到新橋樑書觀念建立的必要性（命題一）；橋樑書與寫作教學的結合有諸多契合（命題二）；橋樑書與寫作教學的結合有雙重向度（命題三）；

　　橋樑書與寫作教學的結合有兩種具體作法（命題四）；橋樑書與寫作教學的結合可以透過實務來印證成效（命題五）。希望本研究可以提供教學者自編教材與改善教法的借鏡，因此本研究的價值，可以用來自我提升寫作教學的成效（演譯一）；本研究的價值，可以作為其他教學者改善寫作教學的參考（演譯二）；本研究的價值，可以提供寫作教學政策擬訂的借鏡（演譯三）。

　　有關「概念設定」、「命題設定」及「命題演繹」的發展進程圖式如下：

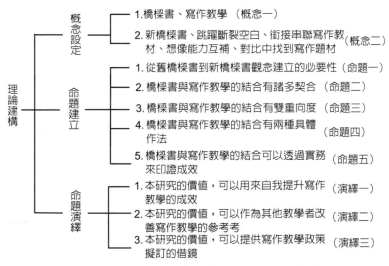

圖 1-3-2　橋樑書在寫作教學上的運用理論建構圖

　　透過上述的理論架構，可以看出本研究所要研究的範圍。從概念可以設定的範圍來看，「橋樑書與寫作教學」中有許多的概念，在論述時為了條理思路，選擇「橋樑書」、「寫作教學」來運用。從命題建立有的範圍來看，為了要能「命題完構；而這種完構，一方面得包蘊著前面所提出的相關概念；一方面還得自我侷限範域。所謂自我侷限範域，是指所要建立的命題可以無止無盡，而限於論述的時間性只好選擇迫切需要的來建立，以便接續相關演繹的進行」（周慶華，2004a：45），所以本研究在命題建立的範圍內會將新橋樑書、跳躍斷裂空白、銜接串聯寫作教材、想像能力互補、對比中找到寫作題材等，以具體作法來完構。最後從命題演繹可以有的範圍來看，由於「命題的演繹可以有無限多的展演，必須有所節制；以致我圈定範圍也就勢必不可避免了」。（同上，48）所以「橋樑書與寫作教學」的命題演繹範圍，就得從取材上與所要解決問題關涉的層面來限定。在取材上，由於本研究採用橋樑書融入寫作教學的方式進行，藉由橋樑書的類似概念，考慮選編適合孩子需求的閱讀與寫作教材，並兼顧編選教材時教學者本身的時間、能力負擔，及如何在彈性運用學校課程中，達到階段性閱讀寫作概念的目標，培養孩子獨立閱讀的習慣與自信。期望藉此自編教材經驗，帶給其他同在教學第一線的夥伴們改善教學方法的參考。這就是本研究所要極力來解決的問題。至於在所要解決問題關涉的層面：因為對寫作而言，最重要的不是文字的雕琢，而是如何清楚、準確地呈現想法。因此，對於識字不多的孩子，可以請他們與大人閱讀和分享的想法畫下來，或者大人幫忙把想法紀錄下來，再讓孩子畫畫。這種閱讀的方式，不

但可以留下親密的回憶，也可以增進孩子的語文能力。依照這樣的理念，藉由互動式的思考、討論過程，孩子從小習慣思考，學習將想法表達出來；然後隨著年齡的增加，再逐步加強篇章結構與修辭，孩子的寫作能力自然會更成熟，更練達。

　　以上所談的是本研究的範圍；相對的，不在這個範圍以內就成了本研究的限制。它包括：（一）因為這是橋樑書與寫作教學的結合，所以編寫設計素材只能以具文學性作品為主，其他諸如科學類、藝術類……等非文學類別便無法觸及。也因為教學者本身是級任老師，目前各科的教學時間有限，能將國語課程進行優先編寫設計目標，融入目前學校安排規定的課程中，已屬不易，也較能掌控此一研究有其充足的時間進行。（二）教學活動只設定在閱讀和寫作上，這是由於閱讀在語文教育上具有其優先性、方便性、超越性，且因現實情境不允許需多耗時間旁涉；否則會難以控制其變化，觀察相關的成效。（三）本研究因為研究者自身所擔任教學年級為中年級，教學設計的實施，應用受限於本身的教學處境，所以無法做到全面性檢證的地步。

第二章　文獻探討

　　本研究旨在探討「橋樑書」在寫作教學上的運用，期望對寫作教學的實施有一定的程度效益；更希望透過橋樑書與寫作結合，期能建構一套可以兼顧學習者閱讀與寫作能力的培養，提升教學成效。因此，本章將前人對寫作教學的研究等作相關的討論與整理，希望本研究能補足前人的不足，並能給從事寫作教學者開一扇創意的寫作大門。

　　本章第一節專就「橋樑書」作相關文獻探討；第二節針對相關寫作成果進一步探討寫作教學的內容及有效的教學方法，以便為後續發展一套基進且具創意性的寫作教學理論作為引子，並針對橋樑書運用在寫作教學的相關研究作進一步的說明。

第一節　橋樑書的今昔

一、橋樑書的定義

　　所謂「橋樑書」，英文〔Bridging Book〕，是指少字多圖的圖畫書，漸進到純文字的青少年文學，文字量比圖畫書多，圖量比圖畫書少，扮演幫助小孩子閱讀，閱讀由淺到深，由河這邊送到

河那邊的作用（徐魯，2008），銜接從圖像進入到文字階段性的讀物。就是孩子由繪本的「圖像閱讀」轉化成文多於圖的「文字閱讀」所處階段的銜接書。兒童繪本的閱讀著重在故事本身的內容，還有整體畫風的呈現，書上的文字，大多給予父母觀看，以方便為孩子朗讀而設的，因此字體大都為了不影響到圖片的欣賞而縮小許多。然而，「橋樑書」因為首重在讓孩子轉化為「文字閱讀」的過程，所以它仍然會在書中附上不錯的插圖，但相較於兒童繪本來看「橋樑書」裡也會比較多一些。更重要的是，作為一本優質的「橋樑書」所具備的自然是要有較大的字體，還要有注音符號的標示，再者必須有淺顯易懂的文詞與不要太長的斷句。

曾麗珍（2009：56-57）對橋樑書的看法：極力推動繪本教學的結果，會導致孩子們的閱讀傾向停留於圖像世界，無法進入文字閱讀的階段；於是出版界推出由圖多文少、半圖半文、圖少文多的書籍，希望架接起圖像與文字閱讀的「橋樑書」，讓孩子們穩定而紮實的進入抽象文字閱讀的世界。但我們卻也聽到有關「橋樑書」的另一種聲音：繪本其實是一個新興的文類，圖文互相激盪的氛圍，形成的紙面舞臺，是孩子與成人共讀最好的文類；其實，所有的書籍都是橋樑書。

《中國圖書商報網》提到「橋樑書」是介於圖畫書和純文字書之間的一種圖書類型，優秀的「橋樑書」具有針對兒童不同閱讀水準的顯著指向性；每個故事或童話在用字遣詞上都有周全的考慮；它的主題接近兒童的生活經驗，採取幽默有趣的童話故事形式，幫助孩子從喜歡閱讀開始，漸漸適應字數增多、篇幅加長的文字書，最後由親子共讀轉入獨立閱讀。（李雅寧，2008）

范郁玟（2008）指出「橋樑書」編譯、創作的質量逐漸升高，越來越受到出版界、教育界、兒童文學界等的關注。綜觀而言，其出版規畫、內容形式編排，都較一般兒童讀物富文學性、可讀性、進階閱讀的功能性，更可以清楚看到「橋樑書」的各項意涵；「橋樑書」取材選擇的廣度、關懷視野的深度及語言形式運用的多元。

歐美國家為不同年齡層的孩童發展設計的童書，架構劃分得十分精細，對孩子的了解越多，分類也更加細緻：圖畫書向下延伸至嬰幼兒的幼幼書（board books），故事書又依年齡層（大約 5 或 6 歲左右）分為「轉接讀本」（transitional readers 或 chapter books）和「簡易讀本」（easy readers）。後面兩種經常被稱為「橋樑書」〔bridging books〕。（陳玉金，2007：32-33）此時，插圖退居輔助角色，不再像圖畫書中的圖像，佔據書籍頁面至少四分之三的比例。而「橋樑書」的出版，使得出版社在填補閱讀空缺以及進行更細部的分齡出版時，成為銜接從圖像閱讀進入文字閱讀的階段性讀物。

法國著名的兒童讀物出版社巴亞出版社，用數十年的時間為孩子精心設計和編輯的「我愛閱讀」叢書，就是一套風靡全歐洲的最優秀的「橋樑書」。這套叢書在細心考慮了故事篇幅的長短、詞彙難易程度的基礎上，又依據不同年齡段兒童閱讀理解能力的差異，分為三個級別，分別適合從學齡前到小學中高年級各階段的小讀者閱讀，充分照顧到孩子的閱讀落差，為孩子們提供了一座斜坡式的進階橋樑，打造了一個快樂閱讀的無障礙空間。全套叢書故事類型多樣，貼近兒童生活，涵蓋了豐富多彩的、適合各

年齡段孩子的生活故事、魔法故事和童話故事。每冊小故事文字簡潔清麗，插圖豐富可愛，圖文比例適中，既緩解了兒童對文字的緊張情緒，激發起孩子的閱讀興趣，又可以提高他們的閱讀和理解能力，幫助他們輕鬆享受文字閱讀的成就感，為孩子的作文練習提供語言和想像的雙重養分。這套叢書也能幫助父母和老師更有系統地引領孩子進入文字的閱讀花園，使成人可以在浩如煙海的兒童讀物中輕鬆找到適合孩子閱讀水準的故事讀本，讓孩子們在從圖畫書閱讀到文字書閱讀的轉型過程中，接觸到優秀的過渡讀物，不至於轉向沉迷網絡、電視、漫畫，從而導致放棄閱讀的惡性循環。可以說，「我愛閱讀」叢書兼具文學性和知識性，有助於兒童閱讀興趣和閱讀能力的培養，是一套幫助孩子從圖畫書閱讀走向文字書閱讀的真正意義上的「橋樑書」。（徐魯，2008）

　　不管是橋樑書、故事書、漫畫書、繪本、文學名著或歷史書和小說類，只要是為小朋友量身打造，出版社付出心力經營，內容正派不偏頗，都是值得閱讀的好書。「橋樑書」雖有其階段性的任務，但只是架撐的功能，最後還是要向抽象的文字世界靠攏。畢竟嫻熟了抽象的文字的應用，小朋友才能進入比較深奧的學習空間，充分發掘自己，了解自己，進而習得專業技能，發揮所長。當所讀的書能幫助自己時，這書就不白讀了。借助繪本加強閱讀，應該是階段性的，以識字多寡及學習正常速度來作推斷，我們假定繪本可以使用到國小四年級，但這並不是說四年級以後不要再看繪本，而是說隨著年齡的成長，為人父母與師長要不要去思考另一個問題：什麼時候該讓孩童進入抽象的文字世界。所以我個人覺得周邊所有的讀物都可以是橋樑書，問題是在於帶領者與教

學者如何就身邊讀物，根據橋樑書的階段性閱讀特性去提取、規畫、設計屬於自己的橋樑書而已。

二、橋樑書的出版

「橋樑書」是引用西方國家書目上的 Bridging Books 概念，臺灣翻譯為「橋樑書」，是一種針對低中年級孩子，帶領他們從圖像閱讀，順利跨入文字閱讀的出版品；橋樑書的文字量不多且以插圖為輔，內容貼近孩子的生活經驗，不論是有趣或奇幻的故事，都能寓教於樂，透過精心編排的讀物，培養孩子獨立閱讀的習慣，享受自己可以獨立讀完一本書的成就感，並因閱讀過程中的樂趣而願意持續閱讀。一般閱讀的分齡觀念是：（一）六歲以前親子共讀：以繪本為主。（二）六到八歲自我閱讀習慣養成期：以繪本、橋樑書為主。（三）九歲以上：進入純文字閱讀，以少年小說、生活故事為主。繪本的內容已包括童話、詩歌、寓言和少年小說，既然如此，是否一直給孩子讀繪本就夠了？其實，從文字和內容來看，繪本不一定比橋樑書淺顯易懂，而橋樑書主要還是站在為了兒童獨立閱讀的角度而編寫，它的意義應是出版品形式的不同，例如：（一）故事的文字長度和插圖都顧及到適中、適量。（二）從適合親子共讀的大開本或精裝的繪本，變成平裝或與成人書相近的開本，方便孩子翻閱。（三）因文字量增加，由少數頁數，擴展成較多的頁數，故事情節比較豐富，並且有章節的形式，特別注意遣詞用字的難易度和句子的長度。（方素珍，2010）

近十餘年來，臺灣家長們最為熟悉的兒童類型書，應屬受到

大力推廣的「圖畫書」，圖畫書不僅年產量大增，對於「何謂圖畫書」也有一定的認知。但在推廣的同時，卻也引發另一種聲音，憂心圖像閱讀的強大優勢，導致孩子們對於文字閱讀興趣缺缺。至於這二者之間是否為因果關係，並沒有相關論述，因此也僅止於臆測式的結論。但這類反應已引起童書界的關心，加上這幾年世界上優秀的圖畫書已多數被引進翻譯的情況下，圖畫書市場漸漸飽和，轉而進入另一個中空市場，於是「橋樑書」也成了下一個有待填補的市場。（陳玉金，2007：34）在《誠品報告 2003》對於橋樑書的專文出現後，童書出版界對於「橋樑書」也開始採取定義式的宣導與推廣，不論在廣告文案，或書籍的介紹上，都標舉橋樑書是「從圖畫書過度到文字書的銜接書籍」。

　　「繪本」的好處在於從具像的圖像出發，將孩子帶往抽象的文字世界，在這過程中，孩子可以兼及美感教育：圖畫裡的線條、色彩、布局、造形、都可以陶冶美感能力，甚至促發聯想力、創造力、空間能力等，優點可謂不少。然而，有識之士卻有另一種隱憂：太過依賴圖像，如何進入純綷的文字世界？閱讀的終站是純粹文字的書籍，厚薄雖不一，但圖像的份量一定是降到最低。如果孩子老是因為喜歡圖像而去閱讀，必然會影響到他的閱讀口味，所以為了銜接之間的落差，嗅得先機的出版社出版了所謂的「橋樑書」。「橋樑書」的定義各家說法不一，但最主要的核心概念就是：專為孩子設計，幫助孩子從「圖像閱讀」跨越到「文字閱讀」的書籍。它強調：文字量適中、常用字彙、句型簡易、故事結構清楚、字體開本大小適中等。內容則強調趣味性和生活化，兼及多元文體。這系列的書籍尤其適合低中年級的小朋友，低年

級 3000－5000 字，中年級 5000－10000 字，幫助孩子們在選取課外讀物時，由「圖圖文」、「圖文文」過渡到「文文文」，閱讀的主體性也由「親子共讀」轉為「自主閱讀」。（廖雅蘋，2010）

因為「橋樑書」在個人閱讀習慣的建立上有其不可磨滅的功能性，近年不少出版社積極開發這一塊市場。就我個人所知，出版「橋樑書」的出版社如下：

表 2-1-1　橋樑書在臺灣出版現狀

出版社	橋樑書意涵
1.信誼出版社「兒童閱讀列車」系列	性質：1.幫助孩子從「圖像閱讀」進入「文字閱讀」而設計。 2.豐富的表現手法，幫助孩子從閱讀中增進語言知識，建立理解策略。 3.故事內容多以本地孩子生活故事作為創作主軸。 4.集結小朋友最感興趣的生活題材。 5.多元的文體，增進孩子的閱讀能力。包括對說話、散文、短篇小說、章節小說、傳統故事改寫、語文遊戲等不同體裁和寫作技巧。 形式：1.閱讀對象設定為 7 至 9 歲。 2.每一本書的自述在四千到六千字之間。 3.文圖比例各佔一伴，涵蓋多方主題。
2.小兵出版社「小兵快樂讀本」系列	性質：1.專為引導孩子獨立閱讀設計的橋樑書。 2.字體很大，不傷眼睛，還有精美豐富的插圖略。 內容：1.每一本為一則童話，除了文字外，也配插圖，但所佔不似圖畫書多份量。 2.將讀者設定低、中、年級。

3. 天下雜誌出版社在 2007 年 7 月，規畫由臺灣作、繪者創作的「閱讀 123」系列，童書出版總編輯何琦瑜提出	內容：1. 符合中低、中高年級的認字階段。 2. 從一本書五千字開始，延伸到一萬字的讀本。 3. 故事類型多元化：內容貼近生活經驗、幽默故事、童話為主。 形式：1. 用字遣詞上，則以該段年齡適讀的字數。
4. 東方出版社總編輯李黨「橋樑書在臺灣」	性質：1. 難度介於圖畫書與少年小說之間。 內容：1. 題材生活化。 2. 內容情節完整，具備小說雛型。 形式：1. 適量的文字，適量的插圖。 2. 用字遣詞經過特別設計。 3. 句子長短適中。
5. 東方出版社：故事摩天輪系列	內容：1. 六到八歲小朋友閱讀所設計。 形式：1. 圖文搭配大字注音，廣告宣傳就標明為「橋樑書」。
6. 小魯出版社：我自己讀的故事書、我自己讀的童話書系列	性質：1. 本土作、繪者創作。 內容：1. 生活故事作為創作主軸。 2. 對象設定為六至十歲。 3. 字數在三千到四千字之間，圖文各半，插圖是建構故事的一部分。 形式：1. 用字遣詞經過特別設計。 2. 句子長短適中。。
7. 小天下出版社：故事奇想樹系列	內容：1. 將讀者設定低、中年級。 2. 圖文搭配大字注音。 形式：1. 適量的文字，適量的插圖。 2. 用字遣詞經過特別設計。 3. 句子長短適中。
8. 民生報出版社：童話森林系列	性質：1. 以短篇童話創作為內容。 內容：1. 明確標示適讀年齡為國小中低年級的學童。 形式：1. 收錄童話篇數不一。 2. 每篇字數二千字左右。 3. 插圖的分布較少。

　　綜觀這些出版社所出版的橋樑書，除了符合以上提及的各種特性外，還特別強調「作品的本土性」。就是本土的題材、本土的作者、繪者和本土的文化。他們以這個特性和國外的繪本作一個區隔；同時也因「本土性」，使得這些書籍容易和學校的課本結合，成為「延伸閱讀」和「深入閱讀」的輔助書籍；另外再搭配節令、節慶、環保、品德等多元主題，幾乎聯結成一脈絡廣大又均衡的閱讀網絡。但這些都還有不足，在實用性上仍得期待「新橋樑書」來彌補它的匱缺。

三、新橋樑書

　　據曾麗珍（2009：56）的說法，新橋樑書的設計概念起源於一場研習會，討論「橋樑書」這個新名詞的課堂上，一個聲音是很多關心教育的人士擔心推行了十年的繪本會讓孩子的文字閱讀能力停滯不前，被圖像閱讀所阻滯，所以找來了國外的章節書，翻譯為橋樑書，由出版界開始大力推展、籲求橋樑書現階段的重要性；另一個聲音是很明白的說出所有的書籍都可以是橋樑書。她認為從圖像閱讀銜接到文字閱讀確實是推動了十年的繪本後，該注意的一個閱讀的偏移現象，但並不一定需要藉由一套一套的橋樑書來進行架橋工作；身邊所有的書籍、讀物都可作橋樑書的編製媒介為架橋信念，如從平日經常翻閱的《國語日報》開始尋找編製的靈感；而從民生報社各作家的兒童散文集各有千秋，及小魯文化的《兒童散文集精馮輝岳導讀精品14篇》、《寫給兒童的好散文》等，也是可供選編的好素材。她認為身邊處處有好作品，

也處處都是橋樑書，就看自己如何去運用變化了。

　　有關「新橋樑書」的界定在於：第一，新橋樑書不是一般出版社所指的橋樑書，那整套整套由外國讀物翻譯而來的讀物；也不是由本土作家所創作的橋樑書，例如《字的童話》，它不一定是一本一本的書，沒有書的形式的限定，不一定是平面媒體。第二，它是根據橋樑書的編輯概念、原理原則（階段性的閱讀功能）、多種文類、圖像銜接到文字的基本概念來編寫的教學教材。第三，它是活化的：不只是靜態的閱讀一篇文章、一本書，它是可以一篇篇的文學作品為主軸，旁伸擴及到其他的教學活動。第四，它是經過教學者再三的咀嚼過、與作者相應，抽取其創作精髓，引導孩子深入文學之美的心靈教學工程。每一篇一定是值得一讀再讀的好文章，在討論的時後很自然的就能引領孩子進入彼此的生命世界，喚醒孩子的內在情感。第五，它的辭彙難易、字數多寡，或許有階段性的區分，但在內涵上它是大人、小孩都值得閱讀的篇章。第六，它善用「圖像」與「文字」不同媒介的特質，給予不同階段的孩子適切的閱讀材料，不偏廢任何一方。圖像與文字兼用，適當的搭配，讓影像媒介與文字媒介事實並存而相輔相成。重視文字是單位面積裡濃縮意向最高的媒體，也要好好迎接圖像、影像及聲音各種媒介，引導孩子藉由各種感官知能獲得全觀世界的能力。第七，新橋樑書的編選原則是要和出版界翻譯的橋樑書相取鏡的：目前出版界出版的橋樑書大多是翻譯自國外的經典橋樑書，有它一定的品質，所以教學者本身要先去認識這些橋樑書的內涵，甚至是去善用搭配這些橋樑書，才能更加豐富新橋樑書的內容及功能。一如本土橋樑書的作者要創作時，他得需要

有這方面的先備認知與掌握。第八，新橋樑書是主動性的、普遍性的、社會性的：橋樑書的階段性閱讀概念不限定老師對於學生所帶領的教學活動，這是老師給予的，是被動式的。我們要把這個概念轉而化在學生身上，轉為主動性的。老師為學生選編橋樑書，實施教學後，學生有了連貫性的學習概念；了解階段性閱讀概念性後，他可以為自己的弟弟妹妹選擇設計屬於他們的橋樑書，甚至為爺爺奶奶挑選合適閱讀的橋樑書。成人也可以為自己規畫階段性閱讀的橋樑書，所以橋樑書不單指學校課堂內的事；家庭閱讀需要橋樑書，社會成人的學習也需要橋樑書，橋樑書的功能是使它接續不斷。人的成長時時刻刻都需要接續不斷，所以當你覺得自己心靈阻滯不前時，你就需要橋樑書。（曾麗珍，2009：56-57）

奇妙的故事、幽默故事、學校或生活故事，看在大人眼裡也許沒有什麼「意義」可言，但卻能吸引孩子進入閱讀的享受中，閱讀如果是件有趣的事，應該不需要勉強。如果你的孩子已經可以獨立閱讀了，那麼就開始為他預備文字多一些的讀物。如果孩子尚在建立獨立閱讀的習慣，那麼有大量插圖輔助的書，和專為建立閱讀習慣設計的「新橋樑書」，就是很好的選擇。（曾麗珍，2009：57）

新橋樑書的概念架構以文類的適宜閱讀年齡而區分階段，且要達到橋樑書的概念功能，所以在選材上還要掌控圖文的各階段比例。它的階段性一級包含一級，越來越深廣的。它是根據橋樑書的編輯概念，原理原則——階段性的閱讀功能，多種文類，圖像銜接到文字的基本概念來編寫的教學教材。它可以是活動化

的;並不是靜態閱讀一篇文章或是一本書,而是一篇篇的文學作品主軸,旁伸擴及其他的教學活動。因此,新的橋樑書設計理念,也一樣要參照符合閱讀教學理念,才算得上是一個有效的教學設計。目前出版界的橋樑書大多是翻譯自國外的經典橋樑書,有它一定的品質,所以教學者本身要去先去認識這些橋樑書的內涵,甚至去善用,搭配這些橋樑書,才能更加豐富新橋樑書的內容和功用。(曾麗珍,2009:57)這已經比舊橋樑書的觀念更跨進了一大步,但仍有一些缺憾存在。

　　首先,教師在編制「新橋樑書」的教材時,必須以教師的專才來編製。教師必須先收及相關教學資源、包括參考資料、文章欣賞等,內容必須提供思考性、情意性、創造性的延伸活動,以擴大學習的潛能開啟更遼闊的學習天地,更要以學生的生活經驗為資源,然後依學生的特質來編製「新橋樑書的教材」。除了教師外,學生、家長都可以參與教材的編制。透過多方的參與,以多元角度的統整設計,指導學生進入豐富多彩的教學新境,提升語文教學層次,將教材發展為更多種、多樣、生動靈活、更細緻有趣的課程,使學生在上能夠呈現更多元的面向。此外,還可以跨文體、跨學科、跨學派、跨文化系統以及加入視聽文本、網路文本和藝術文本等,來編撰橋樑書及其運用。而這些因為事涉複雜,暫時未能實施而可以俟諸異日。

　　其次,目前校園裡推動閱讀活動已多年,而推動閱讀活動的目的,是為了提升學生閱讀的理解力,引起孩童獨立閱讀的興趣,建立自我閱讀的信心,讓學生能夠獨立閱讀。要達到學生學習的目標,除了推動閱讀外,還可以用寫作教學的方式來達成,將「新

橋樑書」帶進寫作教學活動中，藉由活動的實施引起學生產生閱讀的興趣，訓練寫作能力，訓練寫作技巧。這樣所謂橋樑書的功能，才有較好或最新的發揮。

　　因此，從橋樑書的編撰者跨大到橋樑書內容的多元選材，就是「新橋樑書」必要的階段性發展；而從結合閱讀教學領域推及在寫作教學領域上應用，也就為這一新橋樑書的功能衍展到了極至。而這在既有研究成果尚未著眼的，本研究就要試著來開創。

第二節　橋樑書與寫作教學

　　橋樑書是用來協助孩子循序漸進的建立閱讀能力和習慣。通常這類書也會以生活故事或學校故事為主，大多是幽默或趣味十足的故事。因為「好玩」，才可以吸引剛建立閱讀習慣的孩子願意繼續在文字中優游。小兵出版社的「快樂讀本系列」，就是適合初級的橋樑書。中年級的孩子進入「橋樑書進階」，書的字數須超過五千到一萬字左右，內容結合成長經驗，融入兒童哲學思維，並有知識性、趣味性。小天下出版的「神奇樹屋系列」，就是適合進階的橋樑書。（子魚，2009）

　　閱讀分級在國外已存在許久，反觀國內，除了過去出版的中華兒童叢書很明確的分出低、中、高年級的圖書類型外，一般出版社的讀物並未刻意進行圖書分級。雖說「橋樑書」是一種介於圖畫書和文字書間的一種圖書類型，但是好的「橋樑書」並不只是一種文字比繪本多，圖畫比繪本少，或者只是在原來的文字上

增加一些生動、有趣的圖畫而已；好的「橋樑書」應該是考量不同階段的兒童的需求所設計出來的讀物，期待透過這樣的讀物能夠幫助孩子從師生共讀、親子共讀進而跨到喜歡閱讀、獨立閱讀，也能幫助孩子能夠跨越閱讀障礙，逐漸適應字數較多、篇幅較長的文字書。（林愛玲，2009）兒童從「圖像閱讀」跨越到「文字閱讀」，其實很需要引導和協助，畢竟從看整本文字少都是漂亮插圖的圖畫書，進階到閱讀文字，讓想像畫面在腦海中成形，初期階段可能較吃力，兒童要擁有順暢的閱讀能力，需要透過安排和訓練。誠品書店兒童市場行銷副理張淑瓊表示，兒童要自行由圖像閱讀進入到文字閱讀是有困難的，需要大人協助，細心安排。「橋樑書」在出版時經過設計，在整本書的圖文比例上有一定的考量，使圖的分量漸漸減少，文字分量漸漸增加。對於國小低年級到中年級的孩子來說，故事的長度也不能太過於長，句子的長度和文字的難易度也會特別加以考量，尤其是在故事題材的選擇上，更是要能掌握到孩子感興趣的類型。（誠品報告編輯部，2004）

悅讀學堂執行葛琦霞提出進行「橋樑書」教學上的建議：（一）橋樑書的故事較長，所以比繪本更容易進行閱讀策略的教學；（二）在故事敘述的過程中，可以在中間暫停，讓孩子進行情節的預測，從簡單的預測開始建立思考的技巧；（三）以觀察、比較、分類、測量、溝通、推理、預測、假設八種科學過程技巧作為教學的主軸，建立學生的思考能力，跳脫學習單的窠臼，橋樑書的應用就會更海闊天空。在孩子閱讀啟蒙的過程中，從圖畫書過渡到文字書，需要有一些漸進的安排，讓圖的量漸漸減少，文字的量慢慢加多。如果我們以圖文比例的改變來解釋，孩子在啟蒙閱讀的階

段，讀物的選擇要從「圖圖文」，到「圖文文」，再到「文文文」。我們稱這種特別經過設計，讓孩子從圖畫書順利進階到文字書的讀物為橋樑書。（葛琦霞，2002）

　　新橋樑書的概念架構以文類的適宜閱讀年齡而區分階段，且要達到橋樑書的概念功能，所以在選材上還要掌控圖文的各階段比例。它的階段性一級包含一級，越來越深廣的。（范郁玟，2009：41）在內涵上橋樑書是大人、小孩都值得閱讀的篇章，有趣的書籍讓孩子得到閱讀的滿足感，對孩子也產生吸引力。目前出版界出版的橋樑書大多是翻譯自國外的經典橋樑書，有它一定的品質，所以教學者本身要先去認識這些橋樑書的內涵，然後再去善用、搭配這些橋樑書，才能更加豐富新橋樑書的內容和功能。橋樑書不單指學校課堂內的事，家庭閱讀需要橋樑書、社會成人需要橋樑書，橋樑書的功能是使它接續不斷。因此，新的橋樑書設計理念，也一樣要參照符合閱讀教學理念，才算得上是一個有效的教學設計。（曾麗珍，2009：61）

　　語文和文字同為人類表達情意的工具。我們現代與人交談時，必須有明確的意念和一貫的思路，對方才能了解我們所要傳達的感覺和看法。讀一本書，看的不僅是「文字」，而是文字與文字相互交織成的世界，比真實世界更加奇妙、更加不可思議。基於此一觀點，教師如果能夠時常訓練學生作有系統的口語發表，如演說、講述故事、討論、辯論、敘述大意，學生便能從真實具體談話之中，吸收豐富、鮮活的語彙，揣摩並記憶其正確的意義和用法，組織成意思明白、條理暢達的文句，對於寫作時思路的拓展一定有很大的裨益。俗話說：「文章要寫得好，總需語詞記得

多。」為了增進學童的寫作能力，使其行文具有繁複多姿、變化
萬端的美感，除了指導其多閱讀課外書籍以外，鼓勵他們隨時隨
地以純正的國語交談，儘量提供演說的機會，使其在生動活潑的
教學情境中，能夠以適切的語文暢所欲言表達出自己的心聲，毋
乃是每一位教師責無旁貸的工作。至於「豐富化」或「複雜化」
的新橋樑書，在寫作教學上運用的可能性是肯定的。

　　寫作會將作者的想法、文化背景帶入文章中，繼而創造新文
化，所以教人寫作就是為了教人參與文化的創造而免於人生的凡
庸化。（周慶華，2007a：92）只是在寫作學習過程中，學生常因
不知道要寫什麼內容及不懂如何寫作，而害怕進行寫作、甚至排
斥寫作。孩童的思維擁有無限的創造力與創意，在制式的刻板教
育下，創意卻常被壓抑而無法發揮，如何讓思想情感轉換成文字
來表達，是教學者所需努力的課題。

　　傳統的寫作教學模式往往是由老師出題後，就告訴學生各段
落該怎麼寫；或者讓學生自行寫作，同儕之間缺少討論的機會。
前者引導方法容易造成全班學生寫出來的文章、結構、內容、主
旨大多千篇一律，讀起來非常乏味，最主要的原因是教學活動約
束了學生的思考，妨礙學生個人創作風格。後者由學生自行創作，
則容易產生的問題是學生思路無法拓展、內容可能會平淡無趣。

　　國內學者蔡榮昌（1979）提出寫作過程可分審題、立意、運
材、布局、修辭等五項。陳宏昌（1992）也將寫作劃分成審題、
立意、運思、取材、擬定大綱、各自寫作、審閱等七項。由此可
知，國內外學者所提出的寫作歷程模式，雖然涵蓋面有差別，但
在寫作階段有眾多相似處，也都在在顯示寫作教學教師的角色發

生轉變，轉而重視學生的心理認知歷程；了解學生寫作歷程，對症下藥，可獲得事半功倍的教學效果。

學生寫作能力低落與教師作文教學是有直接的關聯。一般的寫作教學大多是「成果導向」，教師先揭題目，講解段落大綱後，任由學生自行發揮，重心放在作文成品的批改，並沒有情境的引導，無法提升學生的寫作能力。

許多研究者發現了這個問題，開始關注寫作教學的課題，希望透過理論和實證研究，以有效的教學方法解決寫作教學的困境。下表以寫作教學為關鍵字，就國內最近這五年針對小學一般學生的寫作教學相關研究整理分析，提供給未來研究者作參考：

表 2-2-2　國內最近五年針對小學一般學生的
寫作教學相關研究整理

研究者 （年代） 研究題目	對象	研究說明	研究結果
瞿吟禎 （2011） 《編織式創意記敘文寫作教學》	國小五年級	旨在建構一套編織式創意記敘文寫作教學的理論，以達到自我回饋提升記敘文寫作教學的成效，提供其他教學者改善記敘文寫作教學的方法，並可以作為寫作教學政策擬訂的參考。	學生對於編織式創意記敘文寫作教學的反應是正向的，普遍認為自己學會了水平思考和逆向思考的創意操作方式，而且作文變好了，也能體會到作文的樂趣。
周琇媚 （2010） 《PBL 在國小五年級寫作教學之應用》	國小五年級	主要探討 PBL 應用於國小五年級寫作教學的成效與實際教學情況，並對未來欲採用 PBL 的研究者提出建言與經驗分享。	（一）教師是 PBL 教學能否成功關鍵。 （二）學生的資料收集、閱讀、摘要與參與討論能力是 PBL 能否順利進行的要件。 （三）書面 MSN 有助寫作構思與修改。

吳招美（2010）《調整國小六年級學生寫作觀點之寫作教學的行動研究》	六年甲班11 位學生、家長、導師與研究者	教學歷程以「過程導向寫作教學」模式進行，藉助「圖像組織」為寫作構思的鷹架，結合師生互動、同儕討論、小組共作、觀摩分享等策略，探討學生寫作觀點的轉變及觀點轉變對寫作成效的影響。	研究歷經 22 節課，在教學歷程中視教學情境的問題不斷地反思、修正教學方案，解決教學現場問題，並實踐調整學生寫作觀點、提升寫作成效。
賴蕙謙（2009）《電子化寫作教學對於學生在寫作態度與寫作表現之影響研究》	國小兩班學生。	探討電子化寫作教學對於學生在寫作態度與寫作表現的影響，並進一步了解學生對電子化寫作教學的意見。	寫作態度方面，接受電子化寫作教學的實驗組學生在寫作態度上有提升的現象，寫作興趣、表現覺察、自我反省無顯著影響。寫作表現方面，對於學生整體的寫作表現、內容措辭、結構方面有顯著影響，對於學生在記敘文、應用文的寫作表現有顯著影響。
李琬蓉（2009）《結合思辯練習的寫作教學研究——以六年級議論文體為例》	國小兩班六年級學生	以議論文寫作教學為主要重點，以二元邏輯思考結合辯論的思辯練習為方法，進行實驗教學，期能透過此方式增進國小六年級學生在議論文寫作上的能力。	（一）思辯練習能提升國小六年級學生議論文寫作的能力。實驗組在論點、論據、論證議論文要素寫作能力的考驗上明顯優於控制組，在字詞、句子、段落、修辭等基本寫作能力上則無明顯差異。 （二）結合思辯練習的教學方式是提升國小六年級議論文寫作的有效方法。
邱國禎（2009）《苗栗縣國小六年級語文科「意象、技法、實踐」模組化寫作教學設計對學生寫作能力提升之研究》	六年級兩個班級	目的是發展一套教師寫作教學專業成長模組系統，因應教師在寫作教學專業知能的需求外，提升學生的寫作能力。	實驗組學生在「立意取材」「遣詞造句」「結構組織」「總分」項目的寫作能力表現有顯著提升，「意象觀察」成績表現與「立意取材」、「遣詞造句」、「組織結構」與「總分」的寫作能力表現有顯著正相關。

楊雅方（2009）《敘說我和小五學童探索寫作的故事》	國小五年級	（一）探究「探索性課程」對於學生寫作動機及寫作內容的幫助。（二）紀錄「過程導向寫作教學模式」的回顧修改策略運用與調整經驗。（三）基於師生互為主體的精神，形塑出自己的寫作教學模式。	「過程導向寫作教學模式」的回顧修改策略有助於孩子自評、同儕互評。在連續的探索性寫作活動中，藉由共同探究解答的過程，發展出寫作知識與知能，使得老師與學生「教學」各有增長。
黃怡綺（2009）《綜合寫作教學法影響國小二年級學童寫作能力與態度之研究》	國小二年級	透過行動研究，依據現有的國語文教材，設計並發展出適合低年級學童的「綜合寫作教學」課程，以期能提升學童的寫作能力與態度，並增進教師的專業知能。	以學童為中心設計課程較能深受學童喜愛；綜合寫作教學法確實能提升多數學童寫作能力；命題作文教學法有助學童學習段落安排；看圖作文教學法為引導低年級學童寫作的好方法。
呂秀瑛（2009）《心智繪圖應用於文章構思的研究──以國小六年級學童為例》	國小六年級一班學童	旨在發展一套適用於國小六年級學童的「心智繪圖應用於文章構思的寫作教學」方案，並探討此方案對受試學童寫作記敘文與說明文時，在立意取材、文章結構、段落內容方面表現的影響，以及此方案對受試學生寫作態度的改變情形。	學生接受「心智繪圖應用於文章構思的寫作教學」後，在「立意取材適當」、「篇章結構條理化」顯著提升，但在「內容精緻化」則進步不明顯。心智繪圖可訓練思維，是教師跟學生溝通的良好工具，結合「結構性過成寫作教學法」，學生能掌握寫作的技巧，尤其在選材與篇章結構成效最顯著。
王翌蘋（2009）《自我調整策略發展寫作教學與概念圖寫作教學對提升國小六年級學生之寫作自我調整、寫作表現與寫	高雄市某國小六年級三個班級為對象	比較自我調整策略發展寫作教學與概念圖寫作教學對國小六年級學生在寫作自我調整策略、寫作表現與寫作動機上表現的差異。採不等組前後測的準實驗設計，實施SRSD寫作教學、概念圖寫作教學、及一般作文教學（控制組）。	（一）SRSD 組和概念圖組在寫作自我調整以及組織結構、文字修辭、價值效能、和情感與行動四個分量上皆無差異，但在內容思想概念圖組顯著優於 SRSD 組。（二）在寫作表現上，SRSD 組與概念圖組在寫作表現以及組織結構、文字修辭沒有顯著差異，但 SRSD 組

作動機之比較》			在內容思想上顯著優於概念圖組。 （三）在寫作表現的追蹤後測上，SRSD 組在寫作表現及內容思想與文字修辭層面優於概念圖組，但在組織結構沒有顯著差異。
林彥佑 （2009） 《圖像與修辭技巧結合之寫作教學——以國小四年級為例》	國小四年級學生	探討修辭技巧對國小四年級學生寫作的影響。藉由圖像與電腦的輔助，經過十週的實施，期盼可以喚回學生喜愛寫作的興致，結合生活化繪本的情境，引發寫作的靈感。	修辭方面，在後測句型寫作與成篇文章能使用較高難度修辭，看到圖像，能聯想到適宜的修辭方式。字句方面，學生字數增加，出現新字句；看到圖像，能以更深刻手法描述。內容方面，學生作品質量增加；能從圖像中看出情節。寫作不再侷限於圖像，有更深層思考。創意方面，透過圖像的聯想，想像力、觀察力都展現出更多創意空間，寫作表現也更加生動。
林麗芳 （2009） 《科學寫作在國小五年級自然與生活科技課程之應用研究——將語文寫作技巧應用於科學寫作教學》	國小五年級兩班學生 35 人	探討自然科課程中適用的各種寫作形式的寫作教材教法與內容。將自然科課程中適用的各種寫作形式的寫作教材教法，歸納詞的寫作教材教法、句的寫作教材教法、篇的寫作教材教法三種寫作形式，以質性研究為主與簡單量化為輔進行資料分析。	（一）自然科寫作形式包括造詞、寫短語、造句、回答問題、寫段落與篇章，教學者可依單元內容設計不同寫作形式進行教學。 （二）可行的科學寫作教材教法有字詞句型方面的概念詞、關鍵詞、因果句、對比句、擴寫句、觀察法、摹寫法等教學法；運思方面有「審題」、「立意」、「構思」、「選材」、「布局」幾個重要步驟；組織結構方面有地點法及種類法二種。 （三）學生透過文字寫下概念，進行連結，增加學生高層次思考；教師可從學生的寫作內容評量學生對概念的了解。學生從詞、句、段、篇的寫作過程，可增進學生的科學推理能力。

葉家妤（2009）《國小三年級記敘文寫作之教學實踐》	國小三年級學童	探討記敘文寫作教學實踐教材運用於國小三年級學童的可行性，及其對學生寫作興趣、態度、寫作表現的影響。以教學行動研究進行，研究對象以三年級學生為樣本，進行十個單元為期五個月的寫作教學實踐。	（一）記敘文寫作教學提高學生寫作自信，改善寫作學習態度。 （二）實施記敘文寫作教材教學後，學生寫作表現明顯提高。 （三）記敘文寫作教材設計與教學活動實施，使學習更完整。 （四）有計畫的寫作教學，教師扮演著重要的引導角色，要關心結果，且留意其學習的歷程。
陳雅菁（2009）《笑話在寫作教學應用之研究——以國小四年級為例》	國小四年級	採用行動研究法，以笑話在寫作教學應用的研究。運用十二則笑話為教學材料，主要使用多元智慧和創造思考教學策略、原則，透過六個單元的教學，培養學生取材立意、組織結構、遣詞造句、避免錯別字及運用標點符號等寫作能力，藉由多元視角，相互驗證。	笑話應用於寫作教學能激發學生學習興趣，提升寫作意願。應用於寫作教學對寫作能力的培養能全面性的提升寫作能力，以組織結構、取材立意等能力進步較多；低表現學生進步幅度最大。笑話應用於寫作教學對創思教學能提供情境，提升想像力、觀察力與思維力。
吳貞慧（2009）《創造思考運用在國小中年級寫作教學之研究》	三年級之32位學生	以行動研究法探討創造思考運用於國小中年級寫作教學之研究，並了解學生對於在教室中進行寫作教學的看法，以分析創造思考運用在國小中年級寫作教學時的成效。	課程與學生生活經驗結合，引起學生興趣及寫作動機。創造思考策略方面，教師營需造自由開放寫作環境，允許學生任何想法及發言。教學者若具備創造思考能力，較能引導學生產出創造思考；教學者必須具備寫作教學能力；以學生為主體，教師為聆聽及歸納者，在討論合作中創造出作品。
劉承翰（2009）《情境式遊戲教學策略輔助國小作文課程效益之探究》	六年級學生	探究情境式遊戲教學策略輔助國小作文的效益為何。採取準實驗的研究方法，研究對象為六年級學生，實驗組與控制組二班各有 31 人。排除無效樣本後，實驗組有 25 人，控制組有 27 人。	「情境式遊戲教學策略輔助作文教學」對於學生「組織結構」能力、寫作能力、抽象寫作主體的表現、寫作動機上有實質幫助，對國小男性學童的寫作能力有較顯著的提升效果，對學習風格為調適型與收斂型的學習者的寫作能力有較顯著的提升效果。

余秋雪（2008）《松林國小三年七班遊戲作文之寫作教學行動研究》	32 位三年級學生	依據遊戲理論、多元智能理論規畫了八個寫作教學單元。分別是「兒歌仿作」、「押韻記趣」、「故事寫作」、「盲人體驗」、「趣味競賽」、「水生植物」、「跳蚤市場」及「特別的我」。寫作主題配合八大智能，依序是音樂、語言、空間、人際、肢體動覺、自然觀察、邏輯數學、內省等智能。經過「遊戲活動」、「寫作引導」、「師生討論」、「寫作活動」和「作品發表與賞析」五個主要教學流程，採行動研究法進行。	（一）課程設計普遍引起學生興趣。 （二）課程設計普遍提升寫作能力。 （三）課程設計與教學策略宜密切配合。 　1、寫作前多元動態的遊戲活動提供學生實際體驗的機會。 　2、分組共作有助學生互相學習，可激發寫作樂趣。 　3、寫作後讓學生上臺發表，有助同儕觀摩學習。 　4、寫作思考地圖與學習單設計，有助學生對寫作材料的組織與安排。
沈秀珍（2008）《體驗活動融入寫作教學之行動研究》	三年級	本研究採體驗活動融入寫作教學，教學者引導學童從體驗歷程運用身體感官的敏銳度，收集寫作材料，藉由實際活動過程中，陳述自己的具體經驗，透過教師程式性的協助及同儕的討論互動，增進對寫作主題的認識與寫作技巧和寫作過程的理解，最後應用文字的組織歸納能力，將體驗後的感受或心得，用文字表達在文章內容。	（一）學生基本語文能力，教學時間壓力，學童反思與檢視習慣，閱讀和創意的養成，影響本教學方案的實施。 （二）體驗活動融入寫作教學歷程後，對寫作態度與寫作技巧抱持正面的看法。 （三）就學童的個人作品而言，體驗活動與寫作間存在內容概要與組織結構上的一致性。就寫作能力與技巧而言，體驗活動明顯有助於增進內容概念的豐富性與創意的表述。
李曉琪（2008）《繪本運用在國小作文教學之研究》	二年級學童，男生20 人，女生14 人，全班共計34 人	了解以繪本運用在國小二年級作文教學課程的成效，並根據研究結果，提供未來發展國小二年級作文教學課程的參考。採行動研究法，研究者自行設計為期十六週的課程，以 50 本繪本進行導讀、團體討論、繪本學習單習寫、作文教學活動來進行作文教學。	運用繪本進行國小二年級學生作文教學具有顯著教學效果，在大量閱讀後，其閱讀能力和作文力有顯著改變，且呈正面提升。大量書寫對國小二年級學生的寫作能力及品質都有助益。運用繪本對國小二年級學生進行作文教學時，適當的獎勵方式可增加其寫作意願。

彭玉丹（2008）《想像作文之教學行動研究——以光明國小四年孝班為例》	四年級學生 29 人	是將「想像作文」帶入四年級寫作教學課程內，期能激發學生寫作興趣，提升寫作能力。採行動研究法，除前後測作文外，共分五單元，二個單元為創造式想像作文，三個單元為再造式想像作文。	「想像作文的寫作教學」對光明國小四年級學生在寫作題目方面能引發其興趣，在發揮創意與想像力方面的寫作能力，有顯著的效果。
張金葉（2008）《擴寫教學對國小二年級學童記敘文寫作之影響》	國小二年級學童三個班級	探討擴寫教學對國小二年級學童記敘文寫作能力及寫作態度的影響。	（一）擴寫教學能顯著提升國小二年級學童的寫作能力，但男、女學童的寫作能力並無顯著差異。（二）擴寫教學能幫助國小二年級學童對寫作產生正向的態度，拉近低、中、高能力學童寫作能力的差距。
胡文素（2008）《兒童繪本主題融入提早寫作教學之研究——以苗栗縣東建國國小二年二班為例》	學生共三15 人為研究對象	（一）以繪本為引導教材，提升建國國小二年二班學童寫作動機、興趣與能力。（二）根據研究結果，歸納出具體的結論與建議，並提出適合低年級運用的繪本寫作教學，作為國小教師從事低年級寫作教學的參考。	「繪本多元主題融入低年級提早寫作教學」在國小二年級實施，具可行性，繪本可成為寫作教材的新嘗試，繪本主題可成為寫作方向的新突破；對寫作興趣，有明顯的提升；對寫作能力，有顯著效益。
張益芳（2008）《國小教師寫作教學方法與國小六年級學生寫作態度關係之研究——以澎湖縣、臺南市為例》	六年級學童	主要目的在了解國小教師實施的寫作教學法與國小六年級學生寫作態度的關係。自編「國小六年級國語文教師寫作教學方法調查問卷」及「國小六年級學童寫作態度量表」，以澎湖縣及臺南市的師生為研究對象，進行問卷調查。所得資料以 SPSS 軟體執行百分比、平均數、標準差、卡	（一）教師方面，沒有教師使用限制式寫作教學，最多人使用的是傳統作文教學。（二）學生方面，此二縣市的學生在寫作認知部分態度最好，女生整體寫作態度顯著優於男生，有補習作文者的整體寫作態度顯著優於沒有補習者，此二縣市學生寫作態度無顯著差異。（三）接受不同寫作教學法的學生的整體寫作態度有顯著

		方檢定、單因數及多因數變異數分析,以獲得研究結果。	差異,社會互動模式之教學優於認知歷程模式及直線模式,接受「合作討論教學」的學生的寫作態度最佳,最差者為「命題作文教學」。
李娟娟(2008)《國小實施限制式寫作教學之行動研究》	國小五年級	旨在探討限制式寫作教學對於國小學童寫作興趣與能力的影響。以國小五年級寫作教學的師生互動與學生作品為研究樣本,目的在釐清學生寫作過程所產生的困境與解決策略,利用限制式寫作教學的題型,包括「看圖作文」、「改寫作文」、「續寫作文」、「縮寫作文」等為教學內容。	(一)「看圖作文」、「改寫作文」、「續寫作文」、「縮寫作文」此四種寫作題型在國民小學寫作教學中具有正面意義。(二)實施限制式寫作教學的困難:缺少專業教師訓練,無法落實限制式寫作教學之推動。(三)限制式寫作教學的引導能提升學童傳統命題作文的寫作能力。
程嬪玲(2008)《思考地圖運用於生活故事寫作之研究》	14 位五年級學童	主要目的在探討如何運用思考地圖,發展有效的寫作教學策略,以提升學童生活故事寫作的能力。另外,也進一步探討研究研究者在教學研究進程中,有關生活故事寫作教學知能的發展。	(一)經由「生活故事寫作」能提升學童敘事寫作能力。(二)整合寫作教學策略於寫作歷程,有助提升學童「生活故事寫作」能力。(三)經由教學實踐與反思,研究者可發展「生活故事寫作」教學專業知能。
曾淑珍(2008)《遊戲策略應用於創造思考寫作教學之研究》	六年級18 位學生	旨在了解遊戲策略應用於創造思考寫作教學的實施歷程中,學生對寫作的興趣與態度等反應,以及探討創思寫作教學的實施成效。。	(一)將遊戲策略應用於創思寫作教學,可增加學生寫作興趣,改善學生的寫作態度。(二)學習成效上,學生能發揮想像力,充實寫作內容。八成以上學生認同遊戲式寫作教學可提升寫作能力。(三)對創意教學內涵產生學習遷移。

許瑞娥（2008）《國小體驗式作文教學研究——以花蓮縣北林國小四年級為例》	國小四年級學童	以國小四年級學童為教學對象，利用真實體驗、影像體驗、閱讀等活動，協助學童了解學習內容，統整於寫作，旨在探討體驗式作文教學實施一年的情形與教學效果。	體驗活動啓發學童多感官的學習，使其寫作內容更為豐富，能提高學習效率，是促進閱讀的學習活動，能提升學童寫作態度，強化其寫作表現。
孫秀鵑（2008）《國小學童日記寫作教學研究》	國小四年級學童	旨在探討國小學童日記寫作教學是否能有效提升學生的日記寫作能力。課程設計融入寫作教學、限制式寫作、多元智慧、生活觀察、品格教育等精神，透過體驗活動及主題式寫作教學，讓學童學習日記寫作技巧。	日記寫作教學所傳授的寫作要求、基本技巧、思考引導、觀察方式，的確有助於學童日記寫作能力的提升，且能延伸至平日的非主題教學寫作。
藍怡君（2008）《心智繪圖策略結合線上寫作教學方案對國小五年級學童寫作能力提升之研究》	國小五年級	旨在探討心智繪圖策略結合線上寫作的教學方案對國小五年級學童寫作表現、寫作創造力及寫作態度的影響效果。以臺北市永春國小五年級兩班學生為研究對象，分為實驗組 27 人，對照組 28 人，實驗為期十三週。	心智繪圖策略結合線上寫作的教學歷程對國小五年級學童寫作表現、寫作創造力、寫作態度的提升有顯著影響。
謝英玲（2008）《繪本引導式寫作教學之行動研究》	二年級學童	旨設計發展教師自編的繪本引導式寫作教學課程，藉由寫作教學的實施，探討二年級學童的寫作表現，以及教學歷程中研究者的成長與轉變。	（一）根據兒童經驗及興趣，提供適當繪本作為引導材料，能提升兒童寫作能力，學童在寫作文意層次有顯著提升，繪本可提供寫作材料，增進寫作題材，建構寫作內容。（二）教學者使用的引導方法，會影響學童寫作表現，教學者與觀察者之互動，能促進專業成長，提升教學效能。

蔡易璇（2008）《無字圖畫書融入國小二年級限制式寫作教學之研究》	二年級學童 19 名	透過無字圖畫書的閱讀討論融入限制式寫作教學，觀察及分析二年級寫作能力的改變。研究者採行動研究法，以限制式寫作類型中的擴寫、補寫、改寫、組合，進行十二次四階段的教學。	無字圖畫書融入限制式寫作教學，有助於提升二年級學童的口語表達能力及信心的建立，能有效提升二年級學童的寫作能力和興趣，可順勢引導二年級學童的寫作思路，讓寫作材料唾手可得，可以增加二年級學童親近書本的意願和誘因。
張繼安（2008）《限制式寫作運用於提昇國小二年級寫作能力之研究》	國小二年級學生	旨在探討和呈現限制式寫作教學於國小二年級學生實施的成效及歷程。以國小二年級學童為實施對象，包含培養觀察力、聯想力、想像力、構詞與組句能力以及修辭能力等的教學內容。進行現場教學，並加上前後兩週的前測及後測，以確實了解學生的學習成效。	「限制式寫作」教學對於從未接觸過寫作領域的二年級學生來說，可用活潑有趣的課程設計吸引其注意力，避開傳統作文教學模式，使學習持續在歡愉氣氛中進行；且可針對單項寫作能力進行加強，強化學生不足處，使學生不必於學習初始就面對須完成整篇作文的壓力，從單項能力訓練中，建立學生對於寫作的自信。
洪詩韻（2008）《限制式寫作教學對國小六年級學童寫作成效之研究》	國小六年級學童	以國小六年級學童為研究對象，進行限制式寫作教學課程十二週共二十四堂課的教學實驗，探討限制式寫作教學對寫作成效的影響。	實施「限制式寫作」教學，能培養學童良好的寫作態度，提昇學童的寫作表現。設計「限制式寫作」教材時，可鎖定單項寫作能力，選擇「限制式寫作」教學，有助提高學童寫作興趣。五、六年級學童適合實施「限制式寫作」課程教學。
孫宜旺（2008）《部落格融入寫作教學對國小高年級學童寫作學習成效與寫作態度影響之研究》	高 年 級 40 名學童	旨在探討部落格融入寫作教學對國小高年級學童寫作學習成效與寫作態度的影響。	（一）在寫作態度方面兩組沒有顯著差異；（二）在寫作能力的指標中，「總字數」、「平均每句字數」、「造句商數」與「文意」兩組都無顯著差異；（三）在作品品質的分項中，「基本機能」、「組織結構」、「內容思想」與「可讀性」兩組都無顯著差異；（四）在寫作句型上，兩組在句型變化上差異不大。

呂宜幸（2008）《限制式寫作教學方案增進國小學童寫作能力之行動研究》	六年級27人	旨在探究限制式寫作教學方案對增進國小學童寫作能力的成效，並進而形成有效的限制式寫作教學方案。以基隆市國民小學六年級一個班級學童27人為對象，實施限制式寫作教學方案，該方案分為三個教學階段，共進行12次的教學活動，每次80分鐘。	（一）限制式寫作教學方案在「組合」、「文章評論」、「引導式作文」具成效 （二）本研究發現有效的限制式寫作教學方案，包括「組合」、「文章評論」、「引導式作文」三階段題型的教學活動，共計12次的教學活動。 （三）限制式寫作教學方案實施時遭遇的困難，包括班級秩序不易控制、上課時間不足、學生學習意願態度低落、研究夥伴的研究協助。
李淑芬（2008）《創意畫圖引導提早寫作教學成效之研究》	國小二年級學生	主要目的是探討接受創意畫圖引導提早寫作教學的學生，在寫作成就及寫作態度的學習成效。採內容分析和行動研究的方式進行研究，研究教學對像是國小二年級學生。	（一）接受創意畫圖引導提早寫作教學的學生，在寫作學習成就和寫作學習態度表現上具有正向提升，且優於接受一般提早寫作教學學生。 （二）創意畫圖可幫助學生進行思考整合，有助於表達及溝通的能力。 （三）創意畫圖寫作教學方式受學生喜愛，且能加強學生寫作學習的專注力。
曾琦雅（2008）《國小四年級應用文寫作教學研究——以台中市某國小為例》	四年級一班34位學生	旨在以 Garnder 多元智慧理論融入的方式，設計應用文寫作教學，由研究者根據 Garnder 多元智慧理論設計六個單元的教學方案，以國小四年級一班34位學生為研究對象，實施一學期（二十週）的應用文寫作教學。	（一）學生喜愛接納，學習興致高昂。 （二）學生在人際智能的成長良多。 （三）活絡學生學習思考，不再苦無題材可寫。 （四）表達形式自由有助於創意發揮。 （五）學生能善用優勢智能，寫出具個人特色的文字。 （六）開發學生的潛能，啟發能力。 （七）觀點有助寫作教學，技巧待磨練。

林冠宏（2008）《以創造思考寫作教學提升國小五年級學生創造力成效之研究》	國小五年級生 34 人	旨在探討創造思考寫作教學方案對國小五年級學生創造力的影響效果。	（一）創造思考寫作教學對國小五年級學生的創造力、「流暢性」、「獨創性」、「變通性」有顯著教學成效，學生於教學活動中持正向、主動學習態度。 （三）教學活動設計時應以激發學生學習動機為主軸，提供支援、開放學習環境，鼓勵學生發言。課程後應讓學生的創造思考寫作成果有展示空間。
蔡慧美（2008）《整合大量閱讀與寫作教學之行動研究》	國小五年級	採用行動研究法，以了解如何藉由整合大量閱讀與寫作教學來提高學生的寫作表現。	（一）文章架構分析有助於閱讀理解，閱讀學習單的習寫能增進對文章的了解，並增加寫作的機會。 （二）讀本的選擇應符合學生興趣，才能產生共鳴，故事類的讀本較受學生的青睞。 （三）學生的閱讀興趣、閱讀能力向上提升，閱讀活動對寫作有助益。 （四）學生的寫作表現，以記敘文最佳，應用文次之，議論文較差，在寫作評定量表上以「組織架構」方面進步最多。
鄭雅玲（2008）《閱讀心得寫作教學對國小低年級學童寫作成效提升之研究》	國小二年級十三個班級中抽選出兩個班級進行教學	旨在探討閱讀心得寫作教學對國小低年級學童寫作成效提升的情形。採用行動研究法及內容分析法進行研究。教學實驗為期三個月，共計六次寫作教學活動。	（一）閱讀心得寫作教學明顯有助學生寫作能力提升，對低分組學生成效尤為顯著；對學生的寫作興趣與寫作態度具有正面影響。 （二）實驗組學生對閱讀心得寫作教學的反應正面肯定；控制組學生寫作能力雖因缺乏引導而不高，但閱讀興趣濃厚。

楊雅婷 （2008） 《國小一年級提早寫作教學行動研究》	國小一年級學童	旨在探討提早寫作教學對國小學童寫作能力的影響。採用行動研究法，以國小一年級學童為研究對象，學童的寫作歷程及作品作為研究樣本，利用提早寫作教學的寫作類型，包括「填充作文」、「聽寫作文」、「看圖作文」、「仿作」等四種類型進行二階段提早寫作教學；由研究者擔任教學者，協同教師擔任教室觀察者，歷經八次教學活動，三次寫作能力檢測，了解學生寫作教學的學習效能。	（一）提早寫作教學之教學設計由詞而句、由句而段、由段而篇，建構完整的寫作概念；教學方式由共作而助作，由口述而筆述，培養學生獨立寫作能力；教學活動重視趣味性、個別性及具象化，提高學生寫作的興趣。 （二）提早寫作能有效提升學童的寫作能力。 （三）困境：校內研究風氣不興，缺乏協同合作，加上提早寫作教學式微，教師多無專業訓練，而學生的個別能力差異大，家長對寫作教學活動的疑慮，影響教學。
吳宜錚 （2007） 《電子繪本融入記敘文寫作教學歷程之研究》	三年級學童	旨在探討以電子繪本為媒介的記敘文寫作教學策略，及使用電子繪本為媒介的記敘文寫作教學對提升兒童寫作動機與寫作能力的影響。採用行動研究，以三年級學童作為觀察對象，總共進行五次寫人、敘事、狀物、描景、記遊的記敘文寫作教學。	（一）以電子繪本為媒介的記敘文寫作教學可以提升兒童寫作動機。 （二）以電子繪本為媒介的記敘文寫作教學，短時間對於提升兒童寫作能力的成效並不顯著。 （三）以電子繪本為媒介的記敘文寫作教學策略，聲光內容吸引兒童，強化兒童學習動機；以電子繪本的圖文當成範例，協助兒童思考及想像。
陳詠濬 （2007） 《多媒體限制式寫作對學童寫作成效之分析》		（一）視覺思考教學法融入「M.L.W.I.T」網站，對提升成語認知的成效。 （二）視覺思考教學法融入「M.L.W.I.T」網站，以改善學生成語應用能力。 （三）結合「M.L.W.I.T」網站及限制式寫	（一）「M.L.W.I.T」網站對成語教學在成語理解、成語應用、成語分析、成語總分的進步都達顯著差異。 （二）運用「M.L.W.I.T」網站學習成語造句是有教學成效的。 （三）短文寫作方面，實驗組學生在文字修辭、組織結構、作文總分的進步都達

		作教學策略，提升學童短文寫作能力。 （四）了解學生對多媒體限制式寫作教學的態度，作為日後限制式寫作教學的參考。	到顯著差異，只有在內容思想並未達顯著差異。 （四）學生對多媒體限制式寫作教學的態度，在「教學回饋問卷調查表」中呈現正向且滿意的回饋。
葉素吟 （2007） 《國小五年級成語寫作教學研究》	國小五年級	主要採用個案研究法。以成語為寫作教材，結合多元智能理論設計教學，期能運用語文學科特色，設計練習題型，培養學生的語文表達能力，激發創造能力。	掌握多元智慧核心能力可提升教學效能；融入統整課程與主題式教學，強化語文表達能力；創設生動安全環境，活絡學生學習氛圍；運用多元策略，廣開思路，活化學生認知、技能與情義；改變評量體系，幫助學習，使每個學生都能樹立起自信心；改變評量批改模式，尊重學生的人格，增強對作文的信心。
謝錫文 （2007） 《類比兒童詩寫作教學對不同類比能力六年級學生寫作的影響》	六年級學生	探討類比應用在兒童詩寫作教學上的影響。以類比為教學策略，於六年級學生從事兒童詩教學實驗，藉由電腦螢幕的擷取，紀錄學生創作的歷程，透過訪談與資料的比對，推論出學生在表面相似性與高低結構相似性的表現，以了解學生的創作歷程。	在創作歷程的表現，高分組學生以高結構相似性來創作；而低分組學生在選擇型創作，採表面相似性，但是在新增型卻跳脫表面相似性而創作，且修正在選擇型創作時，高低結構相似性不一致的情形。在創作作品的內容分析上顯示，「分行分段」與「節奏」，「創造想像」與「具體語言」，「聯想」與「比喻法」有顯著的相關。
呂菁馨 （2007） 《後設認知策略在國小高年級寫作教學之研究》	國小高年級	探討後設認知策略融入國小高年級寫作教學上的應用。依據維高斯基鷹架學習理論的概念，引導學生在寫作前、寫作中、寫作後的階段，分別運用各種策略來協助學生寫作，培養學生寫作時自我監控與自我管理的後設認知能力，以促進學生寫作能力的提升。	在理論整合與策略融入寫作教學後，透過課程的實施與觀察分析，探究出「後設認知取向寫作教學課程」的實施與引導方式，並且透過學生寫作認知與態度的正向改變，及學生作品在質與量方面的進步情形，發現後設認知策略可以增進學生寫作的反思與自我監控能力。

莊景益 （2007） 《心智繪圖結合摘要教學法與寫作教學法對國小四年級學生閱讀理解與寫作能力之行動研究》	四年級學生	以心智繪圖為學生的學習工具，引導學生摘取課文中的重要資訊並加以整理；希望以學生的生活經驗為起點，將感官所察覺之物，利用心智繪圖來有條理地編排內容，組織完整的架構，透過寫作歷程的指導，提升學生寫作能力。採用行動研究的方式進行。	（一）心智繪圖可做為學生閱讀與寫作學習工具，也是多元智慧的具體實踐。 （二）對繪製心智繪圖勤作練習不可少。 （三）可用心智繪圖區分文章重點與細節。 （四）可用心智繪圖做寫作計畫並引導出更多想法。 （五）心智繪圖勾勒出閱讀與寫作之間的無形橋樑。
王春苹 （2007） 《心智繪圖在國小六年級學生寫作教學之行動研究》	33 位六年級學生	採用行動研究，探討心智繪圖寫作教學對國小六年級學生寫作成效的影響、實施教學時可能面臨的困境及解決之道，以及研究者所獲得的專業成長。	（一）心智繪圖寫作教學對學生對學生構思方式有正向轉變；對學生寫作篇幅有明顯增加趨勢；對學生寫作速度有增進效果。 （二）心智繪圖寫作教學透過師生與同儕的分享互助，降低寫作焦慮，學生的寫作態度有正向的轉變。
黃秀金 （2007） 《國小看圖作文教學研究》	國小二年級學生	對國小看圖作文教學作一整合評論，並提出教師實施看圖作文教學時系統化的想法。	（一）圖片的設計，應以兒童日常生活中所經驗過的為主。 （二）看圖作文之外，可視兒童的差異實施不同作文方式。 （三）提供圖片之外，也可先讓學生畫出自己心中所想的情境，再用文字表達。 （四）語文教育要均衡發展。古典文學、小說、漫畫、新詩都應涉略。
李雅靖 （2007） 《修辭格寫作教學之研究——以國小四年級學生為例》	四年級學生	主要目的是透過研究者對修辭格的認知，設計相關課程進行教學，將修辭格融入寫作教學中，提升學生寫作能力，激發其寫作興趣。採質性研究。	修辭格寫作教學可以提升學生寫作能力；能增加學生創作動力與自信；透過小組討論，可改善學生寫作能力及增進人際關係。藉由自編教材，教師可以提升其專業素養。

邱於芳（2007）《擴詞活動及其結合基礎寫作之教學研究——以花蓮縣白兔國小二年級為例》	二年級	探討傳統查字典方式，來進行生字造詞外，尚有何種協助學生擴充詞彙的教學策略。擬採由字擴詞及由詞擴詞兩種策略，進行擴充學生詞彙的教學活動。	（一）透過親子合作、小組討論、查閱線上辭典，和師生共同討論等策略進行字擴詞活動，可擴充組詞式和義類式組詞法之詞彙量，克服傳統受字詞典編排方式，且以擴詞活動對詞彙的記憶保留效果最佳。（二）同義詞聯想、反義詞聯想、同根詞聯想及詞法關聯式聯想，可幫助學生擴詞，有助於詞義的理解。（三）擴詞活動結合造句、照樣造句及段落書寫等基礎寫作教學，能提升學生的詞彙長期記憶及用詞能力。（四）多角度的擴詞活動，可以提供多種取得新詞彙的方法，也可避免因單一策略所引起的學習疲勞。
黃文枝（2007）《繪本閱讀結合寫作教學之研究——以潮州國小一年級學童為例》	一年級	探討繪本閱讀結合寫作教學策略，觀察與分析學童寫作歷程及其成效。採用行動研究方法，以「繪本的語文結構練習遣詞造句」、「繪本主題延伸的生活經驗與感受練習」、及「以繪本的圖像進行看圖寫作」等三階段教學策略進行讀寫結合教學。	繪本閱讀結合寫作教學提升學童閱讀理解能力及閱讀興趣、口語表達能力、寫作能力，豐富寫作內容引導寫作思路，提升學童學習興趣，在低年級寫作教學上是可行並深具價值。
曾佩綺（2007）《量表診斷寫作教學法對國小四年級學生寫作態度與能力之研究》	四年級兩個班	以實驗前後測設計法進行行動研究，以了解量表診斷寫作教學法對國小四年級學生寫作態度與能力的教學成效。本研究的工具為「寫作態度與能力評定量表」，主要分成寫作態度與寫作能力二個面向。	（一）在寫作態度方面，「量表診斷寫作教學法」對國小四年級學生的「寫作認知」、「寫作情意」、「寫作行為」，及其「整體的寫作態度」，實驗組顯著高於接受普通寫作教學的學生。（二）在寫作能力方面，「量表診斷寫作教學法」對國小四年級學生的「內容思想」的寫作能力，實驗組顯著高於接受普通寫作教學的學生，其「組織結構」、「文字修辭」，及其「整體的寫作能力」的寫作能力並無顯著成效。

董郁芬（2007）《協作的概念構圖應用於國小學童寫作歷程之研究》	國小四年級	以 Novak 與 Gowin 於 1984 年所提出的概念構圖策略做為主體，再輔以 Vygotsky 的內化學習觀點與 Wood、Bruner 和 Ross 的鷹架支持理論，將其應用於寫作歷程之中，旨在探討協作的概念構圖寫作教學對國小四年級學童的概念構圖能力與寫作表現的影響。	實施協作的概念構圖寫作教學能夠提升學生在「階層」、「交叉聯結」、「舉例」與「總分」的概念構圖能力；但對於「命題」的表現則沒有顯著提升的效果。在寫作表現的「文句表達」、「內容思考」、「組織結構」、「基本技巧」與「總分」表現上雖略高於實施一般概念構圖寫作教學的控制組學生，但效果不彰。
葉慧美（2007）《國小低年級寫作教學策略之研究》	國小低年級	採用文獻探討法，以達下列的研究目的： （一）擬定國小低年級國語文寫作教學策略。 （二）依據理論與實務，配合課程設計與教學，使兒童快樂學習。 （三）探討歷程，修正寫作教學策略。低年級寫作的基本能力教學策略，採取由「詞、句→段落→篇章」模式，並運用聯想力練習和感官寫作，培養兒童的思維能力與觀察能力。	（一）在低年級寫作之基本能力教學策略方面，以層層遞進的方式，輔以簡易的修辭技巧，一步一步建構起穩健的寫作根基，充實兒童的表達能力。 （二）在低年級寫作的教學策略方面，從學習者的角度出發，配合其學習心理，運用文體、教學工具及活動式的教學策略，營造良好的寫作環境，提升兒童寫作方面的觀察力、想像力、創造力。
莊惠秀（2007）《提升國小五年級學生寫作能力之行動研究》	五年級	此為研究者在國小語文領域寫作教學實務上的教學研究，研究目的有四：（一）探討學生寫作的困境。（二）擬定提升學生寫作能力的有效教學策略。（三）檢視寫作教學策略實施後，對提升學生寫作能力是否有成效。（四）提出寫作教學的改進策略，作為下一循	（一）學生寫作的困境為基本寫作能力不足，寫作題材構思與組織能力欠缺，修辭與創意表現能力待提升，修改文句與文章段落能力須加強。 （二）寫作教學策略實施的成效，活動式寫作教學法提供學生藉由五官的感覺，對於加強學生「文句修辭」能力最具成效，情境寫作

		環教學的參考。	教學法能引起學生學習興趣，對話討論教學法可增進學生與寫作主題相關的知識與技巧，範文引導教學法提供範文讓學生進行寫作模仿，在各種文體中均見其成效，主題網寫作教學法對於提升文章「組織結構」能力具成效。
何婉寧（2007）《讀者劇場融入國小高年級國語文寫作教學之行動研究》	27 位六年級學生	探討讀者劇場融入國小高年級國語文寫作教學的可行性，希望能引起學生的學習興趣並提升寫作能力。採用行動研究法。	（一）教學歷程，讀者劇場融入寫作教學的選材應以學生為主體，教學歷程須取得平衡點。 （二）小組完成寫作作品時間不一致，教師應彈性調整教學進度；教學時間有限，教師應靈活運用讀者劇場步驟；寫作能力指標項目多，教師應針對學生寫作程度適度調整。
陳鴻基（2007）《「合作式電腦心智繪圖寫作教學」對國小四年級學生寫作成效與寫作態度之影響》	國小四年級學生61名	旨在比較合作式電腦心智繪圖寫作教學與傳統式寫作教學對國小四年級學生的寫作成效與寫作態度的影響，並探討合作式電腦心智繪圖寫作教學對學生在寫作成效與寫作態度的改變情形。。	（一）合作式電腦心智繪圖寫作教學在寫作總成效、內容思想與文句表達上有顯著差異，其前後測的寫作總成效以及寫作分項成效的基本技巧與文句表達方面上有顯著差異，且後測優於前測，但在寫作分項成效的組織結構與內容思想方面無顯著差異。 （二）實驗組學生的寫作態度顯著優於傳統式寫作教學的對照組學生。 （三）實驗組學生在實驗後寫作態度顯著優於實驗前寫作態度。

黃郁文（2007）《運用行動學習載具於國小學童網路互評寫作教學之研究》	國小學童	主要探討融合適切的資訊科技於寫作課程，以改善傳統寫作課程教學環境的不足，探討利用有效的行動學習載具的功能，改善傳統寫作教學的缺點。在研究問題方面，探討不同教學環境的學生，在學習說明文、記敘文、抒情文三種不同的文體寫作練習，觀察使用固定的桌上型電腦的學生，與使用具有照相、錄音、錄影功能的行動學習載具的學生，在學習成效上的差異。	實驗結果顯示：行動學習載具的介入，對不同文體的寫作練習學習成效，與使用桌上型電腦參與寫作練習，並沒有顯著的影響，但經過寫作練習課程後，在後測成績上，卻因使用行動學習載具多功能的紀錄方法，而對寫作內容的收集，有較靈活的想法，在內容豐富度上，與僅使用桌上型電腦的學生寫作作品有顯著差異。適度的使用資訊科技介入傳統的寫作學習，能改善學習態度，提高寫作興趣。
賴靜美（2007）《國小六年級看圖寫作教學歷程之行動研究》	國小六年級 22 位學生	透過有效的教學策略、運用多元媒材，以促成提升學生寫作意願、增進學童寫作能力以及教師能在寫作教學上獲得專業成長。採行動研究，，透過看圖作文教材設計，實施八次的寫作教學。	（一）看圖寫作文章的內容有圖為據，較不會文不對題。（二）寫作時間過長會影響學童寫作品質。（三）寫作環境會影響學童寫作。
陳瑤成（2007）《線上過程導向寫作環境對國小高年級學童寫作修改影響之研究》	高年級學生 32 名	探討線上過程導向寫作環境對國小高年級學童寫作修改類型與層次的影響，並分析其寫作品質、寫作歷程與寫作態度的差異。	使用線上過程導向寫作環境的學生最常使用的修改類型與傳統線上過程導向寫作環境中的學生沒有差異，但有較多的詞語修改類型出現。在文章內容上有較佳的用字用詞表現，但在寫作成品的整體品質上二者無顯著的差異。
林美慧（2007）《一位國小專家教師的國語文寫作教學研究》	35 位四年級學生	提供多元的寫作鷹架，支援學生寫作需求：（一）「合作與討論」促進觀摩學習，鷹架學生共構寫作知識。（二）「想法組織圖」統整寫作主題概	（一）進行統整的寫作教學。（二）營造師生、同儕討論對話的環境。（三）結合生活體驗的寫作題材。（四）培養學生真實的寫作能力。（五）設計量身打造寫作教學課程。（六）建立客觀的評量標準。

			念，鷹架學生重組寫作素材。 （三）「精緻課程」補強寫作重點知識，鷹架學生獨立修改能力。 （四）「引用閱讀媒材」，鷹架學生充實寫作的技巧與內容。	（七）提供開放的寫作與發表空間。
林秀娥（2007）《心智繪圖在國小五年級記敘文寫作教學之研究》	國小五年級		探討「心智繪圖在國小五年級記敘文寫作教學」的運用與實施歷程。教師編選八篇的單元教學，引導學生練習事、人、物、景的四種題材，先繪製心智圖，再寫記敘文的內容。	（一）心智繪圖運用在引導學生記敘文寫作上具有效性。（二）心智繪圖可使學生展現出「敏覺力、流暢力、變通力、精進力、獨創力」不同向度的創思書寫。（三）心智繪圖在記敘文寫作教學策略可行性高，學生寫作能力改善。（四）心智繪圖與命題和半命題記敘文寫作結合，能提升寫作能力，使整體學習表現提高。
廖素凰（2007）《部落格小組互評在五年級作文成效之研究》	五年級三班 91 人		探討國民小學實施部落格小組互評對國小學童寫作成效及寫作態度的影響。	（一）部落格小組互評組在寫作「總分」、「基本技巧」、「內容思考」、「組織結構」、「創意表現」「高學習成就學童的寫作成就」上顯著優於合作學習組及一般傳統寫作組。 （二）學童寫作態度表現：部落格小組互評組表現顯著優於合作學習組與傳統教學組。
蔡佳陵（2007）《國小三年級形象思維寫作教學之行動研究》			目的在於改進學童寫作中形象模糊的問題。形象思維運作過程即為學生形象思維學習模式，並配合此模式，發展形象思維教學模式。藉由研究者形象思維寫作的教學設計、實施，研究者觀察教師與學生在行動研究與教學活動中的成長及轉變情形。	形象思維寫作教學所達成的目標非全面性。形象思維寫作學模式以螺旋性為最佳寫作教學模式。形象思維可以幫助學生在運用修辭法上兼具形式和內容。形象思維寫作教學設計應具連接性、條理性。形象思維寫作學習可能使學生寫作字數增加超過三成以上。透過形象思維寫作學習，學生形象思維可從無象到意象層級。

徐麗玲（2007）《國小二年級感官作文教學研究》	二年級一個班級共35位學生	先針對國小第一階段學生所具備的寫作基本能力，以及適當的寫作教學方法與原則，進行文獻收集與探討；並分別探討感官作文重要的觀察力、想像力與思維力寫作元素。運用編序式感官作文教學方案，期能啓發國小二年級學生感官知覺能力，增進作文表達力，提高學生寫作能力。	（一）低、中、高表現組學生，寫作作品質提升，低表現組進步情形較為顯著，高表現組次之，中表現組較少。 （二）低、中、高表現組學生，寫作作品字數增加，低表現組平均增加字數幅度最大，高表現組次之。 （三）感官作文教學提升學生寫作能力的自我認同、提高學生個人抱負水準，增益學生學習興趣，並提供學生有效寫作策略，能提升中表現與低表現組學生寫作時計畫與回顧能力。
廖慧娟（2007）《兒童戲劇活動導入國小低年級寫作教學之研究》	國小一年級學生	旨在探討以兒童戲劇活動導入國小低年級的寫作教學，對低年級學生的寫作能力有何影響。研究者採用行動研究法，以所任教之國小一年級學生為對象，針對低年級國語課程中出現的童詩、記敘文、應用文及童話故事等四種文體共進行十二次的寫作教學。	（一）兒童戲劇活動的規劃須以配合寫作教學為前提。 （二）兒童戲劇活動的導入，能讓低年級學生對寫作有積極正面的態度。 （三）兒童戲劇活動在導入各文體寫作時，雖切入面向各有不同，但對於啓發低年級學生寫作的功能同樣顯著。 （四）兒童戲劇活動能豐富學生寫作內容，提昇學生寫作能力與作文總字數。 （五）寫作教學只要透過適當的引導，在國小低年級階段就可實施。
吳惠花（2007）《資訊科技融入作文教學模式之探究——以某國小五年級為例》	國小五年級	探討資訊科技融入作文教學模式、資訊科技融入作文教學的效益、國小學生對資訊科技融入作文教學的接受度。	（一）資訊科技融入作文教學的模式，以網路教學、課堂電腦簡報教學等二種資訊科技應用方式，實驗組學生的表現優於對照組，但在光碟軟體融入作文教學無顯著差異。（二）運用資訊科技融入作文教學的班級，在作文學習成效上比傳統組的高，其效益存在。（三）學生對資訊科技融入

			作文教學的接受度，顯示出認同的態度，他們認同，資訊科技融入作文教學對學習作文有幫助。
陳秋妤（2007）《概念構圖寫作教學對國小四年級寫作困難學生寫作學習效果之研究》	國小四年級	旨在探討「概念構圖教學法」對國小四年級寫作困難學生，在記敘文寫作表現的影響。	接受概念構圖寫作教學的實驗組學生，在寫作表現「總分」、「文句表達」「內容思想」、「組織結構」上，顯著優於控制組學生；在寫作表現「基本技巧」上，與控制組學生無差異。接受概念構圖寫作教學的實驗組學生，在教學結束後的保留成效顯著。
陳智康（2007）《故事情境融入數學寫作教學之研究》	四年級	探討故事情境融入數學寫作教學的實踐歷程，期望經由故事的引導連結語文和數學的統整學習。透過文字的表達以數學題材為內容進行寫作。	透過故事情境引入數學寫作，學童的寫作內容除了能將解題歷程和數學概念作清楚的描述外，反思的軌跡也不時的出現在字裡行間。學童的作品充滿了人文關懷的描寫。此外，學童以數學題材作為寫作的內容，用字遣詞更為精準，文章結構也較為嚴謹。
陳美娟（2007）《應用繪本於國小學童寫作教學之研究》	國小五年級學童	旨在發展一套適用於國小五年級學童的「應用繪本於寫作教學方案」，並探討此方案的發展歷程、對受試學生寫作表現的影響，以及受試學生對此方案的回饋與反應。	（一）受試學生接受「應用繪本於寫作教學方案」後，在「內容思想」、「組織結構」的寫作表現有進步。但在「通則規範」方面進步情形不彰顯。（二）受試學生對「應用繪本於寫作教學方案」都持正向反應，並且認為此方案能增進自己的寫作技巧。

　　根據以上國內寫作教學的相關研究，可發現國內在寫作教學的研究大多是行動研究，探討不同的教學法在班級實施後對學童的寫作態度、寫作表現的影響。而從上述研究結果顯示，以多元的學習形成搭配活潑有趣的教學方法，只要不同於傳統寫作教學的教學策略和教學取向都有一定的成效。而由該研究成果，大致可歸納出下列有效的教學模式和寫作教學方法：

一、以圖像融入寫作教學

　　以圖像融入寫作教學是一個很好的寫作教學策略，對於識字不多的低年級來說，有助於進行提早寫作，對於中高年級則可培養創造力及情意的發展。例如看圖作文、畫圖作文、圖畫書、繪本，都很適合用於寫作教學。（林彥佑，2009；胡文素，2008；謝英玲，2008；蔡易璿，2008；李淑芬，2008）在 2007 年前，也有相關研究（吳宜錚，2007；黃秀金，2007；黃文枝，2007；賴靜美，2007；廖素凰，2007；陳美娟，2007；林燕，2006；張月美，2006；陳淑霞，2006；陳秉章，2006）；此外，又如張妙君（2004）《以圖畫故事書進行國小一年級提早寫作教學歷程之研究》；林宜利（2003）《「整合繪本與概念構圖之寫作教學方案」對國小三年級學童記敘文寫作表現之影響》；連淑鈴（2003）《電腦看圖故事寫作對國小二年級學童寫作成效及寫作態度影響之研究》；曾瑞雲（2003），《國小三年級實施看圖作文教學之行動研究》；許文章（2001）《故事圖教學對國小六年級學生記敘文寫作表現與組織能力之研究》。

二、以戲劇、故事融入寫作教學

　　透過戲劇活動、故事劇場或讀者劇場融入寫作教學，學生可在活動中發揮想像力，並可增進學習興趣。在 2007 年前，也有相關研究（何婉寧，2007；廖慧娟，2007；陳智康，2007；劉

素梅，2006）；此外，又如蔡淑菁（2005），《戲劇策略融入國小六年級寫作教學之行動研究》。

三、以創造思考策略運用於寫作教學

陳龍安認為創造力教學有以下特徵（陳龍安，1998）：

（一）以增進創造力為目標：

　　　　教學時，教師應鼓勵學生運用想像力，以增進創造思考能力。

（二）以學生為主體，互相激盪：教學設計與學習活動要以學生為主體，運用合作學習方式，使學生有互相激盪想法的機會。

（三）在支持性的環境中思考：

　　　　在活動中應提供自由、和諧、安全的支援性環境，並且鼓勵發言、體驗與思考。

（四）以創造思考策略，啟發創造思考：

　　　　運用創造思考策略激發學生學習興趣，允許並鼓勵任何的想法及發言。

也有人認為：教師透過課程設計，能夠激發學童的好奇心、想像力和創造力的寫作方式，就是創思作文。而透過創造思考教學，能提升學童的寫作興趣和寫作動機，可增進學生的寫作能力。（吳貞慧，2009；林冠宏，2008 在 2007 年前，也有相關研究（王雨錚，2006；劉佳玟，2006；毛綺芬，2006）；此外，又如楊素花（2004）《國小六年級寫作教學運用創造思考教學策略之

行動研究》；蔡佩欣（2003）《創思寫作教學對國小低年級學童寫作能力影響之研究》；鐘玄惠（2002）《國小教師實施創造性教學之研究》。

　　由以上的研究得知，以適當的策略引導寫作教學，容易引起學生對寫作的動機與興趣，提升學童的寫作能力；除此之外，學習的歷程也是很重要的，認知歷程重視學習的過程，社會互動模式注重師生互動、同儕互動及與環境的互動所造成的影響，藉由歷程的探討及修正以提升學生的寫作能力，可作為教學者實施寫作教學努力的方向。

　　以往大家對橋樑書的看法是，橋樑書是由繪本過渡到文字書的銜接書籍。坊間出版社，也陸續推出橋樑書，依孩子的階段性作考量，以孩童的生活經驗為資源，依據孩童所發展出來的特質來發展橋樑書。但是坊間的出版的橋樑書，不一定適合所有的孩子。教學者可以從孩子周遭的生活讀物、作品中取材，以橋樑書階段性閱讀概念，進行多元文類的選擇。將閱讀教學融入寫作成分主要是強調閱讀教學與寫作結合，可以說是創意式的結合，對學生在語文方面的表現有強化作用。以故事的形式來詮釋教材，學生可以參與教材的改編，將橋樑書以多元的寫作方式來呈現寫作內容；而新橋樑書的教材來源多元化，選編教材時要使內容能夠生動活潑，並依孩子的學習情況，符合學生的生活經驗。

　　教師將橋樑書的故事帶入寫作教學中，藉寫作的發展與討論，讓學生更了解該故事的內容。選擇的教材貼近兒童的生活經驗，讓孩子學會欣賞文學美感，體會文學傳達的人生哲理。在進行閱讀教學時，有意識的結合寫作教學；在進行寫作教學時，有

意義的結合閱讀教學，這樣的「讀寫結合」的策略教學，經由橋
樑書的中介才能讓閱讀和寫作產生交互作用和緊密聯繫。此外，
也可以從取材中銜接和填補斷裂空白的現象；還也可以銜接串連
寫作教材，利用想像能力互補豐富內容題材；更可跨越各領域和
有很多彈性發揮空間，在對比當中找到寫作題材，在優選情境中
激發學生寫作時的觀察力、想像力和判斷力，並且在具有啟發性
的教學語言中，使學生從寫作過程不斷獲得成就，而使寫作成為
一大樂事。利用橋樑書寫作也能帶給學生不同的生活經驗，在課
程中融入寫作活動，課堂的學習呈現活潑、輕鬆、充分發揮學生
的創意，達到教學與學習的效果。至於論者還無暇將此觀念落實
在寫作教學上而予以廣涵的論述提領，以及試為結合橋樑書來發揮
更大的效用的，這就得由我個人試為彌補，期待有新局面的開展。

第三章　從舊橋樑書到新橋樑書

第一節　橋樑書的源流

　　究竟「橋樑書」的名稱起於何時？從何而來的？根據曾任職誠品書店童書企畫、兒童商品採購的張淑瓊表示，在誠品書店出刊的《誠品好讀》雜誌中，曾陸續引用國外書目上的 Bridging Books 概念，翻譯為「橋樑書」，介紹國外的童書。首次正式行文使用這個名詞，是在《誠品報告 2003》當中的「專題十三」〈在圖與字之間——孩子的閱讀也要有階段性〉。該文清楚說明，西方國家為不同年齡層的孩童發展設計的童書，架畫分得十分精緻，隨著對孩子的了解越多，分類也更加細緻：圖畫書向下延伸至嬰幼兒的幼幼書（board books），故事書又依年齡層（大約 5 或 6 歲左右）分為「轉接讀本」（transitional readers 或 chapter books）和「簡易讀本」（easy readers）。後面兩種經常被稱為「橋樑書」（bridging books）。（陳玉金，2007：32-33）bridging 顧名思義就是架接，而兩種讀本的架接功能便設定在「由圖畫書的少字多圖」漸進至「純文字的青少年文學」、「中介的插圖書」或「篇章較短，故事結構較清晰簡易的兒童文學」，也是由繪本過渡到文字書的銜接書籍，就是透過圖文的比例、內容敘述的繁複性、生活性、趣味性，以漸進的

方式，讓孩子建立自我閱讀的自信。（誠品報告編輯部，2004）

　　陳玉金在〈銜接圖像，進入文字閱讀橋樑書〉文中提出：根據《成品報告 2003》〈在圖與字之間——孩子的閱讀也要有階段性〉一文分析，2003 年臺灣童書出版社，即使沒有使用「橋樑書」作為類型名稱，但此種書籍在臺灣童書出版品中，並沒有缺席。當時包括信誼基金會出版的〈兒童閱讀列車〉系列、民生報的〈童話森林〉系列、遠流的〈蘇斯博士小孩學讀書〉系列、小魯〈我自己讀的故事書〉系列、東方的〈法蘭茲〉系列、以及小天下的〈內褲超人〉、〈黃毛狄多福〉系列，都試圖為這個正學習用文字思考的年齡層孩子，製作適合他們閱讀的出版品。（陳玉金，2007：33）

　　信誼出版社總編輯高明美指出，〈兒童閱讀列車〉系列於 1993 年 8 月推出，當時出版參考自國外的「我會讀」（I Can Read）系列出版概念，觀察到臺灣為低年級兒童出版的書籍並不多，藉由臺灣本地作者的圖文創作，為臺灣兒童造像，建構出本地孩童的形象，因此故事內容多以本地孩子的生活故事作為創作主軸。系列推出時以幼年童話的概念行銷，推出時並未受到重視，目前則以〈兒童閱讀列車〉作為系列名，逐漸受到專家及市場重視。民生報社的〈童話森林〉系列，從 1995 年 3 月起，網羅華文界的童話寫作高手，以短篇童話創作為內容，明確標示適讀年齡為國小中低年級的學童。此系列每篇字數二千字左右，插圖的分布較少，大致上一篇搭配一張圖畫，這兩年出版社各自為「橋樑書」所作的界定，這系列書籍收羅的內容篇幅與字數，均較目前各出版社推出的「橋樑書」在內容與篇幅上顯得更加厚重。遠流的〈蘇

斯博士小孩學讀書〉系列，原本就是「橋樑書」的經典之作，中文版於 1992 年 12 月出版。這是美國著名的童書作家蘇斯博士（Dr.Seuss）在與他的妻子受出版社邀約一同策畫的「小孩學讀書」（Beginner Books）系列，書中以最少與最簡單的字彙寫出逗趣的故事。為了引發兒童的閱讀動機，蘇斯利用大量的趣味韻文發展出有趣的故事，並且配上插圖，出版後大受孩子們的喜愛，在美國引發兒童教材讀本的大變革。小兵出版社 2003 年 7 月在臺東大學兒童文學研究所教授林文寶的企畫下，推出「小兵童話精選」，將讀者設定為中低年級，除了文字之外，也配插圖，但所佔份量不似圖畫書多。在「橋樑書」名稱逐漸明晰後，小兵出版社在 2006 至 2007 年更進一步推出「小兵快樂讀本」標明為「橋樑書」，目前已出版六冊。（陳玉金，2007：33－34）

　　日本橋樑書系列推出的有小魯文化推出的「我自己讀的故事書」、「我自己讀的童話書」等，和融出版社的「童心圖畫故事系列」，以及東方出版社的「故事摩天輪」系列。「我自己讀的故事書」系列編號第 1 本的《怪獸突突》在 2001 年出版，目前出版至編號 12 的《南瓜弟弟忘東西》則為 2006 年出版。該系列中除了《小保學畫畫》為本土作者、繪者創作之外，其餘 11 冊都是翻譯自日本的書籍。而「我自己讀的童話書」系列共計 10 冊，首冊《小熊沃夫》初版年為 2004 年，末冊《你好，小熊沃夫！》初版年為 2006 年，在陸續推出的書籍中，四冊為華人創作、四冊為日人創作，兩冊為翻譯自德國人的作品，可見出版社除了引入翻譯作品，也試圖吸取他人經驗，推出原創性作品。其他以日文橋樑書為主的「童心圖畫故事系列」，自 2002 年起就陸續推出，

頁數少，短小輕薄，文字加注音，內容有趣，圖文俱佳，滿足低年級學童的閱讀所需。東方出版社的「故事摩天輪」系列從 2005年 10 月起，陸續推出《冰箱裡的企鵝》等六本翻譯自日本的橋樑書，由於所選的書籍原本是為適合六到八歲小朋友閱讀所設計，圖文搭配大字注音，廣告宣傳即標明為「橋樑書」。（陳玉金，2007：33－34）2003 年後，在本土創作部分，以天下雜誌在 2006 年 1月推出的「字的童話」系列最受矚目，以圖文並茂的方式進行，並加注音，適讀年齡設定為七至十二歲，由於故事內容有趣、題材新鮮，書籍推出後也讓「橋樑書」的內容更加多元化。信誼出版社在 2001 年推出的美國著名童書作、畫家艾諾・洛貝爾（Arnold Lobel）所創作的「青蛙和蟾蜍」（Frogand Toad）系列為例，這系列書在美國就已受到肯定，是學童必讀的精選作品。該系列書由Haper 出版社規畫在 I Can Read 的系列中，共有四冊，分別是《青蛙和蟾蜍──好朋友》（Frogand Toadare Friends）、《青蛙和蟾蜍──好伙伴》（Frogand Toad Together）、《青蛙和蟾蜍──快樂時光》（Dayswith Frogand Toad）、《青蛙和蟾蜍──快樂年年》（Frogand Toad All Year），總計有二十個小故事，故事內容圍繞著主角青蛙和蟾蜍這對好朋友的日常生活趣事。「青蛙和蟾蜍」系列書故事以青蛙和蟾蜍為書中的主角，採擬人化的方式寫作，文字使用簡短、精鍊，內容情節完整，英文的部分採用過去式語法，並以第三人稱敘事方式，其間夾著第一人稱的人物對話等，這些細心經營的部分，都為學童的閱讀奠定基礎，也符合系列「I Can Read」的名稱，讓小讀者可獨立完成閱讀之外，也有利於他們熟悉短篇小說的寫作模式，以準備日後的進階閱讀。（陳玉金，2007：35）

　　「橋樑書」的重要性，再過一段時間，這些「文字有點少」的出版品應該會在書市找到屬於它們的位置。這幾年來，已有越來越多出版社投入這類書籍的研發與出版，關心教育的人士，憂心這十幾年來極力推動繪本教學的結果，會導致孩子們傾向停留圖像世界，無法進入文字閱讀階段。這種分齡分級由圖多文少、半圖半文、圖少文多的書籍，希望架接圖像與文字閱讀的橋樑讓孩子札實的進入抽象文字閱讀的世界。（曾麗珍，2009：28）

　　林世仁認為橋樑書和圖畫書的差別：圖畫書本身已多元駁雜，由兒童概念轉向對繪本文類的探索，呈現出多重面貌。以內容而言，圖畫書已混合包容了兒童及幼兒閱讀的繪本、圖畫書、童話、少年故事等；以文字、內容而言，並不一定比橋樑書淺。在臺灣，橋樑書的形式意義可能大於內容意義：（一）由圖畫書的精裝與大開本，過渡到平裝、正常的開本。（二）頁數由圖畫書的三十二頁擴展成更多頁數，過渡到章節形式，呈現出故事書的初淺面貌。（三）由親子共讀過渡到獨自閱讀。（林世仁，2008）

　　在國際閱讀能力評比中，臺灣小學生的表現落後，大家對橋樑書開始重視，建立適齡閱讀的觀念，培養國小中年級的學生閱讀較長篇的少年小說或文學名著，逐步養成孩子獨立閱讀的習慣，為將來的深入研究能力打下基礎。因此，將橋樑書適切運用在語文教學中，對學習進入文字閱讀的孩子來說，幫助是非常大的。教育部為推廣閱讀風氣，在 2009 年開學日時，非常貼心的送給全國所有小一新生一份「閱讀福袋」，作為「閱讀的啟蒙」。在選取故事書的過程中，我發覺「繪本」的比例太重了，「橋樑書」的比例太少了。小一新生雖然大部分的兒童處於不識字的狀態，

不過識字能力好的兒童也不少,有些「無字圖畫書」和「字數明顯偏少的圖畫書」,可能比較適合幼稚園的小朋友,對小一生而言明顯不適合。而經過一學期的學習,小朋友識字的能力大增,這時「橋樑書」的輔助就有其功效。在我服務學校小一下時,班級導師運用「橋樑書」作為班級圖書,因為內容、文字、句型、主題都經過特別設計,小朋友讀起來興緻盎然,非常有成就感。每天早自修時間讀一本,負擔不會太重,而且完全融入故事的情境裡;讀完了,成就感更是大為增加,對於提升語文能力,自有其潛移默化的功效。如果再搭配閱讀心得寫作,作者繪者出版社都是國人,填寫簡易,輕易的就了解一本書的概況。有些小朋友還會因為喜歡書,進而喜歡作者、繪者,開始收尋相關著作欣賞,閱讀品味的建立就在此慢慢日積月累。

無論如何,臺灣童書出版社不論是有系統的引入國外的橋樑書,或者拼湊組裝出橋樑書的隊形,至少藉助國外發展已臻成熟的類型書,已有快速成長的趨勢!兒童要由圖像閱讀進入到文字閱讀是有困難的,需要大人協助,細心安排。橋樑書在出版時經過設計,在整本書的圖文比例上有一定的考量,使圖的分量漸漸減少,文字分量漸漸增加。對於國小低到中年級的孩子來說,故事的長度也不能太過於長,句子的長度和文字的難易度也會特別加以考量,尤其是在故事題材的選擇上,更是要能掌握到孩子感興趣的類型,都是值得閱讀的好書。如此才能讓剛上小學的孩子很容易的開始喜歡上文字閱讀;而在享受到學習閱讀的樂趣之餘,一輩子都能與書成為好朋友。「橋樑書」帶著過渡孩子閱讀習慣的責任,因此更需要老師、家長及專家學者的嚴格檢驗,在圖

像與文字交換角色的過程中，是否還能保有文學的美感、藝術的風華、童趣的味道，而不是只把故事寫短、把字放大，再放上插圖而已。臺灣「橋樑書」多到讓人覺得氾濫，故事媽媽、老師或家長，只要是說故事的人可要幫忙把關，試著把這類書拿去教室說；好故事自然會讓人想一說再說，也會吸引孩子一聽再聽甚至去閱讀。總歸一句話，是不是一本好書只要實地去運用，就知道這本書好不好了，現在就把目標鎖定在「橋樑書」。只不過現有橋樑書的觀念已顯老舊，需要再依些革新（也就是形塑新橋樑書的觀念）才能期待更多更好的成效。

第二節　舊橋樑書的理論與實際的問題

一、橋樑書的理論與問題

　　故事所以會吸引人，是因為它的情節高潮迭起，有如一條綿密的細線。小學階段六到十二歲全包含在其中，是童年的核心——黃金時代。在學齡前到小學一年級這銜接過程，最適合的教材是故事。（林秀娟，2009：32）孩子認得一些字、可以拼起一些注音，「橋樑書」就是提供這個時期的孩子閱讀的書，它減少童書繪本多圖片的特色，每頁可能只有一張圖，文字比例增加，最重要的是，每個字明顯比較大，方便孩子閱讀，在中文書裡，還會體貼地加上注音體。在孩子學習閱讀的過程中，會從圖像類型的

圖畫書，漸漸轉換成為純文字書的閱讀，也就是圖的比例漸減，文字的量漸增。如果我們以圖文比例三等份來看，孩子的閱讀過程就是從圖像多的「圖圖文」書，到圖量減少文字增多的「圖文文」書、到純粹文字的「文文文」書。在出版品中有一塊是專門為孩子設計，幫助他們順利從圖像閱讀跨越到文字閱讀的書籍，一般稱為橋樑書。這些橋樑書就是銜接在圖畫書和文字書中間，專門為了協助孩子建立獨立閱讀的自信，能慢慢習慣文字，同時享受閱讀的出版品。

　　兒童在不同的年齡有不同的認知與發展，橋樑書最主要的目的就是增加學生的閱讀量，擴充經驗以及彌補制式教材的不足，是一種介於圖畫書和文字書間的一種圖書類型。但是好的「橋樑書」並不只是一種文字比繪本多，圖畫比繪本少，或者只是在原來的文字上增加一些生動、有趣的圖畫而已，好的「橋樑書」應該是一種考量不同階段的兒童的需求所設計出來的讀物，這樣的讀物能夠幫助孩子從師生共讀、親子共讀進而跨到獨立閱讀，並且還能幫助孩子逐漸適應字數較多、篇幅較長的文字書。

　　小學階段，低年級的課外書通常以繪本為主，由於有大量的圖畫，看圖樂趣是吸引學生去閱讀的重要誘因。中年級的學生進一步閱讀橋樑書，希望學生看有圖也有文字的書，也能保持其閱讀樂趣，給予兒童一段時間適應文字增多的閱讀模式，也讓閱讀變得較為輕鬆。不過，橋樑書本來由淺到深、由圖到文字，現在文字的部分已經加長加深，以文字為主圖畫為輔，學生感覺比起讀繪本書更加困難，所以有點不符合現實也沒辦法做零度學習。

　　一本好的「橋樑書」最重要的是必須要有良好的功能性與可

讀性，剛開始最主要的考量是語言難度，因為希望可以建立孩子的成就感。以我個人所知，坊間出版的橋樑書不一定適合所有孩子，好的橋樑書在編選原則上是要和出版界翻譯的橋樑書相對比的新橋樑書的教材來源多元化，選編教材時要使內容能夠生動活潑，並依孩子的學習情況，符合學生的生活經驗。所以教學者本身要先去認識這些橋樑書的內涵，然後再去善用、搭配這些橋樑書，才能更加豐富新橋樑書的內容和功用。也因此，橋樑書適用的對象必須根據學生年段編撰，大略估計學生的需要，讓閱讀融入生活，廣泛閱讀傳單、報紙、雜誌、小說，讓學生閱讀自主性強，喜歡安靜閱讀、自己選書，目的就是達成從閱讀中學習。我們都知道閱讀和語文能力，是學會學習的重要工具，學校不單是要培養學生看得到的能力，還要培養看不到思考能力，所以我認為好的橋樑書是學生能力提升閱讀的最關鍵。

坊間的橋樑書以文類為依據，「新橋樑書」優於「舊橋樑書」是因為它不再是由一個出版社來編輯書籍，它可能是專書，可能是單篇文章或影像，也有可能是聲音，它不再只是一個紙本的橋樑型態；它可以是靜態的文本，也可以是動態的文本。教材來源多樣化，學生透過多種教材來學習，在有趣的氣氛中，將有助於學習者提升學習動機。

新橋樑書以文類、學科、學派以及文化型態來作為編輯的依據，並以主題或議題的方式呈現。九年一貫課程以學生為主題，以學生的生活經驗為重心，新課程強調學生的學習除了包含學科知識與技能之外，也要能充分反應當前社會重要的關注議題，將橋樑書與各大議題作結合，編製適合學生的學習教材。教育部在

2003 年九年一貫課程綱要中融入資訊、家政、環境、人權、性別平等以及生涯發展等六大議題，並於 2008 年修訂且將於 100 學年度實施的課程綱要中，再加入海洋教育議題，培養學生成為具備人本情懷、統整能力，民主素養、鄉土與國際意識，以及能進行終身學習的健全國民。橋樑書融入人文、社會、自然等各科教學，好的文本就是老師的教科書，把閱讀鑲嵌課程的好處是學生能廣泛閱讀各類型文本，這樣讓閱讀沒有外加和多餘的困擾。

橋樑書涵蓋多種文類，如紙面文本、視聽文本、網路上的資源，以及藝術方面動、靜態文本都可當作教材資源。目前出版社出版的橋樑書雖然有部分是翻譯自國外的橋樑書，但臺灣目前本土創作的也不少，而且夠貼近兒童的生活經驗，教學者可以先理解橋樑書的內涵，給孩子的生活經驗將它們妥善的運用在教學中。紙面文本的取得非常容易，孩子的識字量夠多，學習起來非常方便。目前視聽教材普遍，而且兼具聲光、視覺效果，孩子學起來興趣加倍，更能加強學習效果。而現今網路發達，通訊方便，科技也一日千里，網路資源更加豐富，透過網際網路可以改進教學方式，讓教師們分享彼此的教學經驗與資料，也可以讓學生在不同時間、不同地點學習相同的課程，家長和老師更可以透過網路，共同來關切子女的學習與成長。因此，教學者更要慎選適宜兒童學習的教材來編製教學活動，達到學生學習的目標。藝術可以結合聲音、圖形、動畫、文字，成為多媒體動態或靜態的文本，產生新文類。新橋樑書的編輯方式透過紙面文本、視聽文本、網路文本以及藝術動、靜態文本等多方面呈現，使教材的發展更為靈活、課程更細緻更活潑更有趣。

二、橋樑書的實際與問題

　　語文是一切學習的基礎，任何學問的獲得，莫不依賴基本語文作為媒介。語文也是一種權力，直接影響著所有的學習活動，因為任何學習中的思考、理解、表達、進而再創造等能力，均來自語文的發用，語文程度好學習自然較便利；反過來語文能力較弱對學習的進展也會有一定程度的影響。語文學習在培育學生方面，扮演重要的角色。普遍來說，學生具有的潛能、分析能力及創造力等特質，在學習、理解、思考及創造發表的過程中，都需要良好的語文能力，方能讓共同科目或專業科目的教學活動能更有效的進行。為了激發學生在語文方面的潛能，讓學習產生更佳的效果，語文的學習與增強課程是不容忽視的。

　　一個好的閱讀習慣是必須經過長時間的養成，一點一滴累積的成果。因此，循序漸進就顯得相當重要。當孩子小的時候，父母陪讀或床邊說故事可以增進親子關係；孩子進入「過渡」的閱讀期，父母引導孩子的策略及配備也必須升級；透過圖文並茂的橋樑書，讓孩子接觸字較多、圖畫較少、篇章較長的故事。有趣、適齡的橋樑書，是引誘孩子再度進入書香世界的最佳媒介。有趣的書讓孩子得到閱讀的滿足，對孩子也會產生吸引力。一本好的「橋樑書」是經過教學者再三咀嚼過、與作者相應，每一篇都是值得一讀再讀的好文章，在討論時很快的就能引領孩子進入書中世界，喚起孩子內在的情感。書中詞彙的難易、字數的多寡，或許有階段性的區分，但在內涵上他是大人、小孩都值得閱讀的篇

章。它善用「圖像」「文字」不同媒介的特質，給予不同階段孩子適切的閱讀材料，不偏任何一方，圖像與文字兼用，適切的搭配，讓影像媒介與文字媒介適時並存，相輔相成，引導孩子藉由各種感官知能獲得全觀世界的能力。（曾麗珍，2009：56-61）

　　對於一個新的概念「橋樑書」，勢必要先了解在內容、形式上有沒有什麼特殊限制或規定？更重要的是必須聚焦在孩子的語言架構可以接受的範圍和能力。在規畫方面：先設架構、請教專家、並且參考國小教科書（康軒、翰林、南一等版本）。橋樑書中圖的作用，主要是在輔助性的功能，幫助讀者理解；而這一圖畫書中的圖的作用，也許可以和文字有衝突或是趣味的表現方式，這中間有很大的不同。至於橋樑書中的故事，則趣味性扮演了很重要的角色。閱讀橋樑書則是當作進入閱讀純文字書的過渡層次，在此階段，學生從看圖畫去想像的層次，逐漸進入看文字去想像的層次。橋樑書的階段性不能限定老師對於學生所帶領的教學活動，教師要把概念轉化在學生的身上。最重要的是，橋樑書不單指學校課堂內的事、家庭閱讀需要橋樑書、社會成人也需要橋樑書，橋樑書的功能是接續不斷的。

　　新橋樑書以文學作品為試驗教學體，概念架構以文類的適宜閱讀年齡區分階段，要達到橋樑書的概念功能，在選材上必須要掌控圖文的各段比例。如果以單一文類作為編輯教材，方式顯得太單純，缺乏吸引力。橋樑書的取材應該是多樣貌的，內容題材豐富，跨越各領域，有很多彈性發揮空間，有的是著名文學作品改編，有的是童話故事；有傳記、小說、散文、影片、紀錄片，也有介紹自然科學類型，內容不侷限紙本或圖畫文本。不同領域

的題材都可以當作橋樑書，對於學生吸收各方面知識有相當大的幫助，而且經過編輯者妥善的組織編排，文字敘述流暢、易於閱讀才能吸引讀者繼續讀下去。對中年級學生來說，學習橋樑書作者敘事說理的文字運用，將會提升自己的寫作技巧。

　　以往橋樑書是由出版社編輯成書，教材的編製不管是使用何種文本，在選材時適合學生的特質，符合它們的生活經驗，依學生的階段性作考量，並透過不同的寫作方式呈現，提升學習動機，獲得良好的學習成果。「新橋樑書」的編輯具有開放性，可以由教師當策畫人，讓家長、學生可以參與，同事之間也可以組成一個團隊來編輯新橋樑書的教材，而編出來的教材大家都可以拿來使用，並分享大家的經驗。在這樣的教學下，不儘可以提升學生的閱讀成效，也可以將整個學校的閱讀提升。新橋樑書結合寫作、閱讀教學，它的編輯依據跨文類、跨學科、跨學派、跨文化型態，結合主題或議題，可以取用的教材來源多樣化，比舊橋樑書更適合教學。教師倘若要作性別平等議題教學，除了可以從書本找到想要的資料，有時網路上也有相關資訊，另外也可以從視聽教材中取得。參與編輯者不受限，文本的選擇多樣化，提高學生的學習興趣，教學效果將會顯著提升。

第三節　新橋樑書觀念建立的必要性

一、不假定零度學習

在學齡前的最後階段，可以發現孩子已經識得好多字，除了先前慢慢教會她們幾個常用的字之外，街頭的廣告招牌、超商、超市的商品名、繪本常常出現的字……等，已經幫助孩子累積許多認識的字，他們可以自己閱讀短篇文章，可以拿起陌生的繪本，讀出故事內容，然後哈哈大笑。孩子認得一些字、可以拼起一些注音，「橋樑書」就是提供這個時期的孩子閱讀的書，它減少童書繪本多圖片的特色，每頁可能只有一張圖，文字比例增加。最重要的是，每個字明顯比較大，方便孩子閱讀；在中文書裡，還會體貼地加上注音體。這時期孩子看的書，圖畫已經退居第二重要的角色，文字正式成為孩子最在意的部分，孩子想知道他看不看得懂這些字，急著知道故事內容及精采結局。

當孩子練習閱讀時，需要考量文字的數量、字彙的難度，句子的長度。在孩子閱讀啟蒙的過程中，從圖畫書過渡到文字書，需要一些漸進的安排，讓圖的量漸漸減少，文字的量漸漸增多，讓孩子從圖畫書順利進階到文字書的讀物一般稱為橋樑書。橋樑書用來協助孩子循序漸進的建立閱讀能力和習慣，也常以日常生活故事或學校生活故事為主，大部分是幽默或趣味十足的故事，

因為有趣才可以吸引剛建立閱讀習慣的孩子願意繼續在文字中悠游。畢竟如何讓小朋友從不識字到喜歡自己看故事書是需要一些幫助的，所以坊間出版了讓孩子一開始學習閱讀就不孤單的橋樑書。以下由東方出版社出版的繪本《吊橋搖呀搖》的內容簡介：

> 山谷裡有座吊橋，那座吊橋又細又長，就像一條窄窄的路，一直延伸到很遠的地方。聽山豬伯伯說，吊橋的另一邊有個女生小狐狸。小狐狸很想去看看她，但是小熊和小兔子都說：「再過一陣子吧！」「等我們再長大一點呀！」小狐狸一心想到吊橋的另一邊看看，想跟和他現在一樣大的小狐狸一起玩，於是鼓起勇氣，趁著沒有人的清晨，開始練習走吊橋，每天都越走越遠，越走越多步。一天早上，小狐狸把一朵山茶花放在吊橋上，第二天山茶花卻不見了。又一天，他坐在吊橋中央，靜靜的吹口琴給吊橋另一邊的女生小狐狸聽。也許有一天，他能走到吊橋的另一邊，和她一起玩……（作者：森山京 2007-05-26）

這本書將孩子需要朋友、對任何事情都好奇與克服恐懼都生動的描寫出來，是一本非常適合識字不多的孩子進入文字書的橋樑書，父母或老師可以先念一段再放手讓孩子自己閱讀，孩子一定會非常喜歡這本書。文學的好處是，可以表現已經經驗和未來經驗的生活故事，或存在於作者心靈世界的情意、或情境感受的東西，以增進讀者心智成長、豐富幼小心靈的想像世界。這本書是介於「圖畫書」和「文字書」之間，適合識字不多低幼兒童閱讀的讀物，有新鮮、好奇、探索、想像、憧憬、溫馨和友善等美

善的情意，人物與故事的發展都不複雜，卻有純潔、友愛的情意，在自然、樸素的文字中，生動的湧現出來。

　　孩子知識的獲得從未知到有知，是必須經過長期的經驗累積，就如橋樑書的作用從未知到有知是一樣的，孩子的零度學習因為是個未知數，也無法預設日後會發生什麼事情，就因為這樣，也賦予我們為孩子編撰更多適合孩子閱讀的橋樑書。

二、編撰多元化

　　一套新的理論建構產生，莫不因為在處理課題時出現無法解決的問題，無論是環境、時代、人性的改變等刺激，新的理論乃由此生，總結在解決問題的根本上。而新論點的樹立，不外從「知識經驗、規範經驗、審美經驗」中出發。「橋樑書在寫作教學上運用」乃肇因於寫作教學活動上的反思與改進，期能用不同的教學方法與活動安排促進學生在寫作的學習意願，刺激學生的想像進而轉化成文字，建構一套能提升學習者寫作能力的寫作教學理論，並能藉由實務經驗取得此理論的驗證。

　　橋樑書涵蓋多種文類，如紙面文本、視聽文本、網路文本，以及藝術動、靜態文本都皆可當作教材資源。目前出版社出版的橋樑書雖然有部分是翻譯自國外的橋樑書，但臺灣目前本土創作的也不少，而且夠貼近兒童的生活經驗，教學者可以先理解橋樑書的內涵，給孩子的生活經驗將它們妥善的運用在教學中。紙面文本的取得非常容易，孩子的識字量夠多，學習起來非常方便。（李麗琴，2012：68-69）目前視聽教材普遍，而且兼具聲光、視覺

效果，孩子學起來興趣加倍，更能加強學習效果。而現今網路發達，網路資源更加豐富，教學者要慎選適合兒童學習得教材來編製教學活動，達到學生學習的目標。藝術可以結合聲音、圖形、動畫、文字，成為多媒體動態或靜態的文本，產生新文類。新橋樑書的編輯方式透過紙面文本、視聽文本、網路文本以及藝術動、靜文本等多方面呈現，使教材的發展更為靈活、課程更細緻更活潑更有趣（詳見前節）。在紙面文本方面，專書或繪本或單篇文章都可以運用，例如信誼出版的《大聲公》內容貼近小學生活，讓孩子可以提早感受到小學生會發生的事情；在視聽文本方面，CD、VCD、DVD、電視、收音機、影片等等，都有運用於教學的適當教材。如影片《想飛的鋼琴少年》可以讓小朋友欣賞音樂神童彈鋼琴的才華，體會家庭的愛以加強對生命的尊重，這類的教材適合在生命教育作教學；在網路文本方面，能夠學習知識的網站很多，例如海洋生物博物館網站、國立故宮網站、太魯閣國家公園網站，都有海洋生態教育、環境教育等相關知識；在動靜態文本方面，有舞蹈、音樂、雕塑、建築、繪畫等。其中藝術可以結合聲音、圖形、動畫、文字成為多媒體動態或靜態文本。如讓大家觀看一幅梵谷的畫，分析自己屬於使用右腦的人，還是使用左腦的人，並判別抽象思考與具象思考的差異性；原來人的左右腦思考差異，會讓一個人具有完全不同的思考傾向，而且兒童與大人的左右腦也大不同！孩子們多半比較浪漫，也比較傾向圖像思考，這就是為什麼孩子會比較容易接受圖畫，卻少能接受文字的緣故，因為他們還沒學會解讀文字的符碼，尚未建構抽象的思考概念。一般的教育與社會規範，其實都在讓孩子練習由浪漫

具象的圖像思考，逐漸走向理智抽象的文字思考，而這中間的轉變，就需要橋樑書來幫忙；讓兒童在閱讀一本書的時候，就能自然慢慢轉變他的閱讀習慣。橋樑書可以集結生活題材和多元文題，培養學童的閱讀興趣。李玉貴在〈從臺灣 PIRS2006 評估結果談小學語文閱讀教學的現況與現象〉一文中提到 PIRS2006 國際閱讀評比比文本具多元性與實用性。這和「新橋樑書」的設計理念是相同的，從兒童讀物、作品中取材，就是希望它更貼近孩子當下的生活，希望孩子能夠接觸多元的文體。（引自曾麗珍，2009：92-98）「新橋樑書」的教材來源多，相對更具有趣味性及多元豐富的知識，學生學習的興趣提高，學習的效果也就提升了。

三、可由較多人參與

　　教材的編選須兼顧教學者本身的時間及能力負擔。學校各領域課程教學時數已達到飽和狀態，學校本身推展特色教學活動，加上每一位老師在學校所兼實務工作，時間幾乎是不夠用，所以要從事編選自編橋樑書教學活動，顯得較為吃力但也無妨勉力一試。在編選教材時，由於每個人的人格特質不同，所以教學法一定也不會一樣，每位老師不一定都要使用相同的學習單和教學法，但是留意學生們的情況，配合調整創意教學的內容，而不要流於刻板是很重要的。教師還必須細心觀察學生的學習情況，並體貼學生閱讀心理認知層次考量的教材，在教師沒有負擔的前提下，將橋樑書相關的寫作教學活動帶進班級教學活動中，營造一個豐富的想像世界，讓書裡頭的各式各樣的故事不斷的引發學童

的好奇心。藉由活動的實施引起學生對閱讀產生興趣，訓練表達能力、說話技巧及寫作能力。教學教材產生多元化，教師可以在學校找到志同道合的同伴，一起參與研究及分工合作，讓家長、學生也來參與，如此一來在教學教材的編輯上一定可以事半功倍，學校提供豐富的資源，老師妥善的運用時間，這樣可以將橋樑書的觀念推展出去。

在此原則下，我將可以跨領域編出單篇文章、影像、網頁、藝術（圖畫、音樂、舞蹈、廣播劇、建築、雕塑等）適度結合來提升學習者的寫作張力與經驗。

教學者本身也必須具備廣博的語文經驗、創新的洞察力、強化教學技巧並擅於營造良好的學習環境，才能達到預期效果，以為提高學習者的寫作意願及提升寫作的能力。

橋樑書結合寫作教學的新嘗試：「橋樑書」的閱讀策略，是為了讓孩子無礙的轉化成長時間獨立閱讀文字書的過程。「橋樑書」是脫離繪本進入文字書的關鍵閱讀策略，孩子進入「過渡」的閱讀時期。「橋樑書」的閱讀策略除了跳越繪本的銜接之外，「獨立閱讀能力」的培養與「長期閱讀定力」的養成，才是閱讀「橋樑書」轉化的關鍵功能。（子魚，2009）現在出版社陸續推出的橋樑書，是以孩子的階段性作考量，但是同樣的橋樑書出版，是否標明為橋樑書的書籍才是某階段的閱讀者最適合的選擇？其實不然，站在教學第一線的老師要有更細膩的觀察，更貼近孩童的遠見，對兒童的心理發展要有更精深的了解及認知發展層次上更專業的定見。在孩子的生活周遭的讀物、各種作品中取材，以橋樑書的階段性閱讀概念進行多元文類的選擇。教師要考量學生的強

項特質，倘若有重複學習而無益於學生的彈性學習時間，可以安排規畫橋樑書的教學課程。至於新橋樑書的教材編製，教師要注意瀏覽、閱讀過的書報雜誌，甚至任何一場研習、演講，隨時留意身邊的寫作素材，完成一篇如預期理想的作品。教材設計的教學主題明確了，資料齊全後再依學生的學習層次，編製一份適當而有創意的「新橋樑書」教材。（曾麗珍，2009：1-6）

如此一來，就可以在橋樑書寫作教學的活動中，將故事中的情節取為創作題材或將作品改編成故事後寫出，製造差異再生產，使創作經驗延伸並豐富；況且寫作時會有多媒體的運用，這樣的創作經驗又會不同於傳統的紙本寫作經驗。

在教學活動中，從一段空白、斷裂、菁華的故事取材，或將作品透過「集體創作」改編成故事以及附帶進行個人創作，是一連串一氣呵成的作品產出。這時學習者所接受的就不僅是觀賞寫作時的個人經驗，因為集體創作而會開始吸收他人的、多方不同面向的心得分享。而由故事的表達延伸題材與發揮，同時也能欣賞他組的集體創作，不啻會更豐富經驗。這樣等到個人創作時必定已收集了許多的「感受經驗」，寫作起來也就有更多的資料可以輸出。

運用橋樑書來進行寫作教學，是因為學習者在閱讀繪本時所帶來附加價值相當高。寫作教學最難實行的部分，就是學習者必須在時間之內創作文章。在課堂中寫作，「取材」與「選材」是教學者與學習者共同的難題。對教學者而言在課堂中的寫作題材難以尋找，對學習者來說如何在課堂中尋找合適的題材並下筆更是難題，尤其寫作又是個人經驗的積累。因此透過橋樑書來進行

寫作教學活動並且再創作，至少會達到以下成效：

（一）可以培養學習者閱讀鑑賞的能力。

（二）故事情節的刺激使學習者的寫作敏感度提升。

（三）橋樑書的多樣性能培養學習者全方位的創作能力，進
而解決並改善沒有題材可以寫作的窘境。

　　因為透過橋樑書作為寫作的取材，衡量所能夠藉以發揮的，
主要是從橋樑書的「空白」、「斷裂」、「菁華」三者中尋找靈感，
所以故事中情節的空白可以加以填補、情節的斷裂可以加以連
接、故事的菁華可以加以發揮增加原故事的豐富度。而從「空白」、
「斷裂」、「菁華」加以填補、連結與發揮改編而成「二度創作」
為另一部作品，正是本研究所強調橋樑書在寫作教學裡必須且重
要的角色。

第四章　橋樑書與寫作教學結合的契機

第一節　在既有橋樑書與閱讀教學結合上的新開展

　　2008 年 PIRLS 成績公布，香港學生的閱讀素養評量成績為亞洲地區成績之冠，主要的原因在於這幾年香港的語文教學特別強調閱讀的方法、策略的指導與加強練習，藉以提升學童的閱讀理解能力，此一作法值得臺灣教師引為借鏡。沒有良好的閱讀理解能力，無法閱讀，自然無法讀出其中的趣味，也會覺得閱讀不好玩。教學是教師的專業，「閱讀指導」是幫助學童學習如何閱讀、提升學童閱讀理解能力的重要橋樑，不容輕易放棄或忽略。校園推動閱讀這麼多年，常常可以深刻感受到學生閱讀量的雙邊極端現象，也就是當孩子讀書讀出興趣來了，就會越讀越多；如果始終感受不到讀書的樂趣，孩子就會對閱讀越來越提不起勁，自然就會越讀越少。閱讀是一個非常複雜的過程，不僅涉及目力識別、調取字庫、匹配，還涉及意義的理解等，需要參與閱讀的各系統不斷磨合、調適，才能讓小讀者逐步熟練，達到獨立閱讀的目的，而且讓認字的孩子學會閱讀。

　　李玉貴在〈從臺灣 PIRLS2006 評估結果談小學語文閱讀教學的現象與現況〉一文的前言，對臺灣國際閱讀評比表現不如預期，有這樣的評述：

> 導致臺灣國際閱讀評估水準平平，筆者認為其中牽涉諸多因素，如語文教學時數、課文篇幅長短、課文的真實性與功能性、教學指引閱讀教學觀摩、課內閱讀教學方法、教師是否具備課內閱讀策略的教學能力、教師課外閱讀教學是否落實指導學生閱讀策略等各項因素。（李玉貴，2008：4）

　　針對課本篇章與課文閱讀教學問題，李玉貴有進一步的比較分析：

（一）課文篇章內容淺顯、篇幅短：課本是學生手邊的法定學習教材，教師語文教學材料的首選。臺灣小學語文課本與中國相較內容淺顯、篇幅短，與 PIRLS2006 評比篇數都在千字以上，更是存在不小的篇幅差距。輕薄短小的臺灣小學語文課文，如何培養學生閱讀力。

（二）課文說明性文類較少，類型單一，真實性與功能性不足：PIRLS 評比篇章僅有兩類文本（informational text）。從 PIRLS2006 可看出說明性文本非常真實可能為了跟單元概念配合、肩負教育兒童人格使命，許多說明性文本非常真實（authentic）與實用（pragmatic）。相較之下，課文可能為了跟單元概念配合、肩負教育兒童人格使命，許多說明性文本侷限於讓學生讀來抽象、有距離的議論文與說明文，使得課文中說明的真

實性與實用性不足。

（三）教學指引之課文閱讀教學觀與 PIRLS 所定的閱讀歷程內含有所差距：教科書開放多年後的今天，教學指引之「內容深究教學法」，仍存在諸多問題。如任何文類均採固定的「老師問學生答」閱讀教學流程、語文教學教材雖以單元編輯但各科閱讀教學採單元獨立的「內容深究設計」模式等。「內容深究」的閱讀觀點，與 PIRLS 重視閱讀歷程、強調閱讀是為了欣賞文學與收集資訊之真實閱讀（authentic reading）有所差距。（李玉貴，2008：15）

　　PIRLS2006 評比篇章中，故事體的文章有〈海豚救難記〉、〈倒立的老鼠〉、〈小陶土〉、〈一個不可思議的夜晚〉四篇。如〈倒立的老鼠〉的故事內容：

　　　　從前，有一位八十七歲名叫羅伯的老先生，他的一生過著寧靜祥和的生活，他雖然貧窮但卻非常快樂。當他發現家中有老鼠的時候，起初他並不以為意。但是老鼠開始繁殖。他開始感到困擾。牠們不斷大量繁殖，羅伯終於再也無法忍受。「太過份了！」羅伯說道。「這真是太過份了！」他拖著步伐走出屋外，走向街上一家商店，他買了一些捕鼠器、一片乳酪和一些強力膠。當他回到家之後，他將強力膠塗在捕鼠器的底部，並將捕鼠器黏在天花板上。然後再小心翼翼的將乳酪放在上頭作餌，希望能夠趕走他們。當天晚上，老鼠們從牠們的巢穴出來，看到了天花板上的捕鼠器，牠們認為這真是

天大的笑話。牠們在地上走著，用手肘輕碰彼此，並且用前
爪指著天花板笑得東倒西歪。畢竟，將捕鼠器放在天花板上，
真是太愚蠢了。當羅伯隔天早晨下樓，看到捕鼠器上沒有抓
到老鼠，他笑一笑不發一語。他拿了一張椅子，將強力膠黏
在椅腳上，並將它倒過來黏在捕鼠器旁的天花板上。他用同
樣的方式將桌子、電視機和檯燈黏了上去。他將地板上的所
有東西都倒置黏在天花板上。他甚至放了一塊小地毯在那上
頭。隔天晚上，當老鼠們走出巢穴時，牠們還在取笑前一晚
所看到的景象。但是現在，當牠們抬頭看到天花板時，牠們
突然笑不出來了。「哎呀！」有一隻老鼠大喊著。「看看上頭！
地板在那邊！」「我的天哪！」另一隻叫著。「我們一定是站
在天花板上了！」「我開始覺得有點頭暈。」另一隻老鼠說道。
「我的腦充血了！」又一隻老鼠說。「這太糟糕了！」一隻
長鬍鬚非常年長的老鼠說道。「這真是太糟糕了！我們必須
立刻想想辦法。」「如果我繼續這樣倒立著，我一定會昏倒
的！」一隻年幼的老鼠大叫著。「我也是！」「我受不了了！」
「救救我們吧！誰來想想辦法呀，快！」現在牠們開始緊張
兮兮的。「我知道我們該怎麼做了。」那隻年長的老鼠說。「我
們通通倒立過來，這樣就正常了。」老鼠們非常聽話的通通
倒立過來。過了一段時間之後，牠們一隻隻的因為血液快速
流到腦袋裡而暈倒了。當羅伯隔天早晨下樓時，地板上遍佈
著老鼠。他快速的將牠們全部集中，並且丟入垃圾桶中。這
個故事要我們記取的是：當世界看起來是如此嚴重的顛倒混
亂時，你要確定自己是腳踏實地的。（yahoo 網站，2006a）

　　說明文分別有〈南極洲〉、〈尋找食物〉、〈太空漫步〉、〈小海鸚鵡之夜〉四篇。如〈小海鸚鵡之夜〉的故事內容：

> 荷拉住在希米島上，她每天都會觀察天空。當她站在懸崖高處瞭望海洋時，她發現了當季的第一隻海鸚鵡。她輕聲的對自己說：「倫迪」。在冰島，倫迪的意思就是「海鸚鵡」。沒過多久，天空中遍布著牠們──海鸚鵡，到處都是海鸚鵡。牠們剛從大海上過完冬天返回，回到荷拉居住的島上和鄰近的無人島上產卵並養育剛出生的雛鳥。這些「海上的小丑」每年都會回到相同的巢穴。這是牠們唯一上岸的時候。荷拉和朋友們爬上懸崖觀看鳥兒。他們看見一對對的海鸚鵡用鳥嘴彼此輕輕碰撞著。他們所看到的每一對鳥兒很快的就會到懸崖的深處照顧牠們的蛋。當海鸚鵡的蛋孵化出來之後，鳥爸爸和鳥媽媽便會帶著魚兒回巢餵牠們的雛鳥吃。每一隻雛鳥都會長成小海鸚鵡。當每隻小海鸚鵡嘗試牠們的第一次飛行時，小海鸚鵡之夜就此展開。儘管，離小海鸚鵡之夜到來的日子還有好幾個星期，荷拉想著該找一些紙箱來做準備。整個漫長的夏天，成鳥們抓魚並照顧牠們的雛鳥。到了八月，花兒覆蓋了巢穴。荷拉知道，當花朵盛開的時候，小海鸚鵡之夜即將到來。那些躲藏起來的雛鳥已經長成小海鸚鵡了。現在正是荷拉和朋友們拿出紙箱及手電筒準備迎接小海鸚鵡之夜。從今晚開始，連續兩個星期，海鸚鵡將會離開並到海上過冬。在暗夜之中，小海鸚鵡離開牠們的巢穴展開第一次的飛行。這是一次從懸崖高處飛下的短程振翅之旅。多數的小海鸚鵡

都能安全的在海面上降落。然而，有些小海鸚鵡則會受到附近村莊燈光的影響而迷失了向——牠們可能以為那是海水反射出來的光每晚都有數百隻的小海鸚鵡墜落村莊內。牠們無法在平地上起飛，只好到處亂跑並找地方躲藏。荷拉和她的朋友們每晚都會花費整晚的時間尋找受困未能回到海上的小海鸚鵡。但是，村莊中的貓狗也在找牠們。就算牠們沒讓貓狗抓走，小海鸚鵡也可能會被汽車或卡車給碾過。孩子們必須趕緊先找到迷途的小海鸚鵡。晚上十點鐘希米島的街上因為孩子們四處走著而熱鬧起來。荷拉和朋友們趕忙著拯救小海鸚鵡。他們帶著手電筒游走整個村莊，在黑暗的地方收尋著。荷拉發現一隻小海鸚鵡。她追著牠跑、捉住牠，並且將牠安全的放入紙箱內。在這兩個星期中，所有希米島上的孩子白天都可以睡很晚，這樣到了夜晚他們才能夠外頭活動。他們救了幾千隻的小海鸚鵡。每晚荷拉和朋友們將被救的小海鸚鵡帶回家。隔天，荷拉和朋友們帶著裝滿小海鸚鵡的紙箱到海邊去。該是讓小海鸚鵡們自由的時候了。荷拉先放開一隻小海鸚鵡。她將牠舉起，好讓牠習慣一下拍動自己的翅膀。然後輕輕的將小海鸚鵡捧在手中，往空中一揮，讓牠飛向海浪的一邊。小海鸚鵡在安全降落海面之前，經歷了一小段短程的振翅飛翔。當她看著最後一隻小海鸚鵡和成年的海鸚鵡們前往大海過冬時，荷拉向牠們道別直到下個春天的到來。她大聲喊著：「再見！再見！」祝福牠們旅途平安。（yahoo 網站，2006b）

　　八篇評比篇章約 1000～1600 字，評比篇章觀念多元、文學性與知識性兼具，與輕薄短小的臺灣小學語文課文相較之下，值得我們省思。

　　在閱讀的過程中，學生面對豐富的新詞語，透過閱讀連同整個句子與上下文語境一起出現的，較能記住句子，掌握詞語的使用規則，教師只要充分利用學生已有的一定數量的詞彙能力，透過大量的閱讀訓練，就可以使學生擁有的詞彙量不斷增加。並且透過閱讀，學生知道語言運用的規律，病句自然就不太可能產生。學生藉由閱讀，累積大量的語言素材和文章範例，逐步領悟遣詞造句、布局謀篇的規律，增進語言能力，從而培養敏銳的語感，增進寫作能力。但是在原住民學童閱讀進行前，教師必須先為學童把關，先進行挑選讀物的工作。因為原住民學童可能是天性的關係，在選擇讀物時，通常會選擇跟自然、藝術有關的書籍，對於人文方面的書卻是興致缺缺。另外，看完書後，教師必須給予學童立即的回饋，刺激學童的反應，讓學童對於書中內容加深加廣。另外，閱讀環境的布置也是一大學問；教學者必須了解學童的心性，針對當地學童特有的文化背景進行閱讀環境布置。

　　寫作是一種技能，光閱讀而不練習，是不能增進寫作能力的。真實的語言活動能激發學習者的語言潛能，讓學習者運用已經習得的語言能力。在語文能力發展的過程中，都會經歷語文能力不成熟的階段，學生犯錯的情形是不可避免的，教師可以將這個階段視為進步的里程碑，隨著學生語文水準的提高，發展過程中的語言錯誤也會逐漸消失。因此，教師要解決學生造句練習、作文中的病句問題，可以透過寫作訓練。例如詞語練習、造句練習、

寫日記、信函、擴寫或縮寫、讀書筆記、留言等方面的訓練，鼓勵學童提筆練習。如何提升兒童作文能力？教師平日可以從事：（一）收集資料：1.培養觀察力：發展學生視、聽、嗅、味、觸覺「五感」的能力。用不一樣的心情，透過不一樣的眼光、看事物不一樣的角度，而且多看幾回、多看一些，自然可以觀察到別人觀察不到的地方。2.多閱讀書報雜誌：「秀才不出門，能知天下事。」書籍是人類智慧的結晶，讀書是我們獲得知識最便捷的方法，藉由書籍也可以分享這些人的經驗。3.多體驗生活：「讀萬卷書，行萬里路。」除了閱讀，我們應該深刻體驗生活。出外旅行，日常生活的很多東西，對不用心的人可說視而不見。既然視而不見，當然言之無物。許多素材就來自自己的眼光與感受。（二）整理保存作文材料：1.準備筆記本：我們可以在筆記本上寫主旨大意及讀後感，可以抄錄要背誦的名言雋語，可以抄錄生難字詞，可以把我們的錯別字整理出來。2.剪貼：準備剪貼簿，把從報章雜誌上讀到的好文章剪下保存。書中的文章也可以影印保存一旁，還可以寫上我們整理的心得、大意。3.背誦：特別喜愛或特別重要的文章，我們最好背下來。可以抄錄在便於攜帶的小紙片或筆記本上，隨身帶著，有空時便背誦。（三）精準表達：1.訓練聯想力：充分運用感官教學訓練獲得豐富材料，用於寫作時的取材與構思。2.開發想像力：運用想像力創造豐富思維，組合無限的可能世界，並在文章裡活化運用。3.修辭與鍛字：透過文具賞析、學習遣詞用字的技巧，使學生能在豐富的材料中選取精準的文字，使文章展現意境與深度。（四）組織文章：1.組織能力：訓練組織的能力，使雜亂的思緒井然有序地呈現。2.文體的學習：

學習記敘文重象、論說文崇理、抒情文重情，各類文章不同調性的寫作技巧。3.活用練習：經由各種形式、題材、文類的練習，適切安排材料，組織文字，寫出精要的文章。（五）加強演說發表的練習：語言和文字同為人類表情達意的工具。我們在與人交談時，必須有明確的意念和一貫的思路，對方才能了解我們所要傳達的感覺或看法。基於此一觀點，教師如果能夠時常訓練學生作有系統的口語發表，如演說、講述故事、討論、辯論、敘述大意、生活座談等，學生便能從真實具體的談話之中，吸收豐富、鮮活的語彙，揣摩並記憶其正確的意義和用法，組織成意思明白、條理暢達的文句，對於寫作時思路的拓展一定有很大的裨益。俗語說：「要文章寫得好，總須語詞記得多。」為了增進學生的造句能力，使其行文具有繁複多姿、變化萬端的美感，除了指導其多多閱讀課外書籍以外，鼓勵他們隨時隨地以純正的國語交談，儘量提供演說發表的機會，使其在生動活潑的教學情境中，能夠以適切的語文暢所欲言的表達出自己的心聲，毋寧是每一位教師責無旁貸的工作。寫作能力的培養並非一日可成，如果想提高寫作水準，就必須在平時培養觀察事物、創造思考的能力。

　　現在孩子經常十分忙碌又外務繁多，沒有時間連續閱讀長篇故事。因為閱讀中斷，他們提不起興趣，更無法培養良好的閱讀習慣。如此惡性循環，造成許多人的恐慌，認為我們孩子語文能力低落到無法挽回地步。事實並不是這樣，只要內容與語文程度適合，中年級、高年級和國中生閱讀三千到兩三萬字的故事都是適合的。橋樑書從校園故事出發，頗能迎合青少年的需求，故事中教導孩子人生的道理，學會保護自己的身體，也學會保護自己

的情感，堅強而勇敢的面對人生，讓孩子在閱讀樂趣的同時，也受到深深的感動。最重要的是在故事精采的潛移默化下，孩子們學會了如何應對、如何開闊視野、如何展望未來，更希望孩子能善用零散的空白時間，讀完一個又一個完整而有深度的童話或小說，因而品嘗深度閱讀的樂趣。

第二節　橋樑書可以提供寫作教學所需的豐富有用的教材

　　二十世紀為資訊爆炸時代，社會快速變遷、國際關係日益密切的新時代。在本質上，教育是開展學生潛能、培養學生適應與改善生活環境的歷程。因此，跨世紀的九年一貫新課程應該培養具備人本情懷、統整能力、民主素養、鄉土與國際意識，以及能進行終身學習的健全國民。小學課程應以生活為中心，配合學生身心能力發展歷程；尊重個性發展，激發個人潛能；涵泳民生素養，尊重多元文化價值；培養科學知能，適應現代生活需要。（教育部，2008）

　　教育部在 2003 年九年一貫課程綱要中融入資訊教育、家政教育、環境教育、人權教育、性別平等以及生涯發展教育等六大議題，並於 2008 年新修訂且即將於 100 學年度實施的課程綱要中，再加入海洋教育議題。這些生態、環保、養寵物、親人互動等當前人們關心的議題，都可以借不同的寫實或奇幻的手法呈現，感人肺腑的情節給小讀者的震撼是無法估計的。

　　閱讀是一切學習的基礎，也是通往美好未來的鎖鑰。透過閱讀可以培養邏輯推理的能力、陶冶性情、了解時事、學習做人做事的道理及增加語文字彙的認識等。然而，它的重要性卻與日俱增，讓人不容忽視。在網際網路無遠弗屆，大家求新求變的趨勢下，學生的文字運用能力卻日漸低弱，追本溯源就是「閱讀能力」不足。但是在浩瀚無垠的書海裡，該如何勾起學習者興趣，又該如何引導其學習，在在都是教學者的一大挑戰。

　　作文是一種以文字來表現內心思想和情感的過程。由於每個人的想法、情緒不完全相同，寫出來的文章也不一樣，所以作文可以說是最富有創造魅力的心靈產品。（林建平，1996：9）寫作教學旨在透過觀察，認識自然和社會，運用認字遣詞，分段、造句以至成篇有機制的訓練，培養學生運用文字表達情意，以及觀察事物分析事物，邏輯思維的能力，使學生能熟練地運用文字抒發情感，表達意見，進行溝通。現代學子的國語文程度低落是一個不爭的事實，網路科技顛覆了年輕世代的閱讀、寫作和談話的溝通方式，教育方式的淺薄化、活動化，強勢語言的全球化，使語文教育面對更多的衝擊和挑戰。一個人國語文能力的高低，不在於測驗題得幾分，而決定於閱讀及作文能力的優劣。我本身在小學任教，對教學現場的觀察，國小學童對於作文的態度常常懷著畏懼感與恐懼感，不是面對題目久久無法下筆，就是記流水賬似的不知所云。而作文題目變化多端，沒有固定的公式可代入，只能憑實力各自發揮。於是我們可以發現，在學童作文中充斥了淺白式的對話，有時還會出現火星文裡的表情符號，現今國小學童的作文能力實在令人擔憂。

　　橋樑書可以集結生活題材，和多元文體培養學童的閱讀興趣，從周遭的兒童讀物、作品中取材，就是希望貼近孩子當下的生活，以兒童故事文類來介紹賞析，也是希望孩子能夠接觸多元文體，增加寫作的效果。在文體的選擇上，寫作教學的材料可以選用海洋教育、環境教育、品德教育、生命教育等四種當今流行的教育為橋樑書教學的主題，並分別以童詩創作、敘事文體、說明文體三種橋樑書教學的文類方式呈現。例如海洋教育可以結合說明文體／敘事文體／童詩創作方式對學生來說會有不同的感受，但都可以達到寫作教學的目的。一種文體方式也可以同時搭配三種主題，不同的文體有它不同的形式特徵，選用這三種文類等文體，如此的規畫是希望孩子能夠接觸、閱讀到更多的文體，對語文的認識與體會不僅止於教科書上淺薄的內容，而能對兒童文學而有更深更廣的的體認，培養其長期獨立閱讀興趣；對學生而言，符合他們的日常生活經驗，學生學習起來才能加深學習的效果，讓學生覺得寫作更有趣。

　　下列圖表，為不同的主題集結多元文體的形式特徵：

表 4-2-1　寫作教學的類型

主題	呈現方式	文體的形式特徵
海洋教育／環境教育／品德教育／生命教育／	敘事文體	敘事文體，可分為四種：就是神話、傳說、寓言與童話。 童話：童話故事是給孩童閱讀的故事，故事中往往努力宣傳人性美，人性本善。童話想要傳導的訊息。世界沒有那麼可怕，只要你們趕快長大，就可以體驗世界。因此真實度不高，一半一半。 寓言：寓言最大的作用是警世與教導的作用。所以

		他完全沒有真實性。
		傳說：傳說其實應該算是最誠實的故事。傳說是可能由身邊一些真實事件激發而成，因此真實成分居多。
		神話：神話必須同時具備以下幾個條件：第一，它必須是人類演化初期的故事；第二，神話必須是單一的事件；第三，述說神話的承傳者一定得對所述說的內容信以為真。（yahoo 網站，2007）
海洋教育／環境教育／品德教育／生命教育／	說明文體	說明文是向人們介紹和說明事物狀態、性質、特點、功用的文章。我們寫作說明文，只要能夠把一件事物用淺近的文字說明，或把一個道理清楚明白的解釋就行。 (一) 寫入說明文要注意的地方： 　1.要層次分明、有條不紊。要觀察清楚，下筆才能真實。 　2.要先定下中心點，然後再從中心點出發，說明其餘各物。 　3.切不可枯燥嚕囌。 (二) 常用的說明方法： 　1.按照一定的順序作解釋、介紹。 　2.舉例或者援引權威者的說話來證明。 　3.先給事物下定義，然後展開來加以闡述說明。 　4.兩相比較，將要說明的事物，和大家熟知的東西作比較。這樣更容易使讀者了解、明白事物的特徵和本質。 (三) 說明文的寫作方式： 　1.說明事物的狀態。（外貌、特點） 　2.說明事物的本質。（內在原因） 　3.說明事物的變化。（yahoo 網站，2008）
海洋教育／環境教育／品德教育／生命教育／	童詩創作	綜合各家說法（略），兒童詩應具有下列幾項特色： 　（一）兒童詩具有詩的特質：以情為主，取材自生活，強調文詞優美、形式多變、想像經驗和意象分明，讀之令人回味；（二）兒童詩是適合兒童的：兒童詩是適合兒童的程度、經驗、心理、情感和想像的作品；（三）兒童詩是兒童的心聲：兒童詩是兒童的思想、觀念、想像和生活的寫照；（四）兒童詩是美的化身：兒童詩強調主題美、意境美、文字美、

| | | 音韻美和形式設計美。總括來說，兒童詩必須是詩，是屬於兒童專有的詩。它具有一般詩的特質，更是兒童生活、情感經驗的寫照，它是唯美的、心理的、趣味的和想像豐富的。（林文寶等，1996：92） |

　　以下是集結更多生活題材方向來談新橋樑書的教學設計。以目前我已經實施的童詩教學設計為例來說：有〈春天的燕子〉、〈拜訪〉、〈輸贏之間〉、〈早點睡吧！臺北〉、〈城市裡的日子〉、〈鍋牛〉、〈白鷺鷥〉、〈彈鋼琴〉、〈公雞〉、〈世界上的月亮〉、〈我家住在大海邊〉、〈小螞蟻叮叮流浪記〉、〈睡著的蜜蜂〉、〈遊戲〉、〈媽媽的話〉、〈小衣架與天牛〉、〈冬天〉，〈寂寞〉、〈兩列火車〉、〈湖畔之夢〉、〈回聲〉、〈閃電〉、〈夜空〉、〈煙火〉、〈太陽公公要照相〉、〈椰子樹〉、〈交通警察〉、〈鐵門〉、〈清晨〉、〈坐火車〉、〈妹妹的話〉、〈我愛青蛙呱呱呱〉、〈公雞生蛋〉、〈花和蝴蝶〉、〈鴿子〉、〈蟬〉、〈星星〉共三十多首。（yahoo 網站，2012；花婆婆方素珍繪本工作坊，2012；臺灣文學作家系列，2012；向兒童詩說 Hello，2012；林煥彰，2007）其中有三篇是故事詩，〈小螞蟻叮叮流浪記〉、〈睡著的蜜蜂〉、〈小衣架與天牛〉，雖然文句較長，但是充滿童趣，帶領孩子進入昆蟲、自然景物的世界，非常溫馨可愛，也很容易引起孩子的共鳴。〈夜空〉、〈煙火〉、〈閃電〉、〈回聲〉、〈冬天〉、〈清晨〉，以擬人化的手法、輕鬆活潑的筆調加上想像，讓人墜入其中，真是討巧。〈湖畔之夢〉，是繪畫性的童詩，描寫湖畔的風光，詩的上半是湖上的景物，下半是湖中的倒影，文字作這樣的搭配，實在非常美妙。〈交通警察〉，透過想像，就把交通警察的權威以及人們守法的習慣都表現出來了。〈鐵門〉、〈椰子樹〉、〈太陽公公

要照相〉、〈兩列火車〉、〈坐火車〉、〈春天的燕子〉、〈彈鋼琴〉、〈公雞生蛋〉、〈我愛青蛙呱呱呱〉，運用了聯想、想像和比喻。〈媽媽的話〉、〈妹妹的話〉、〈拜訪〉、〈遊戲〉、〈世界上的月亮〉，媽媽格外珍視這一份情感，同時也把這一份情感傳遞給自己的孩子。孩子在「不懂」之中，也感染到這一份珍貴的情感。孩子純真的天性，而這天性就是童趣〈輸贏之間〉描寫孩童活潑純真卻又格外「好勝」的中年級生的心理。〈鍋牛〉、〈白鷺鷥〉，描寫大自然的景象及大自然的世界。〈花和蝴蝶〉，花是會飛的蝴蝶，蝴蝶是會飛的花，二者一靜一動，都讓這個世界增添五彩繽紛的景象。

　　平常會隨手收集《國語日報》、《兒童日報》童詩專欄作品，從中選擇較適合學生程度且貼近學生生活情境的部分，學生能領會其意境、喜歡，而讓學生朗讀或用四格漫畫的方式繪圖創作寫作。以上三十多首詩，依較相近的特質，分四個面向，是希望孩子在閱讀寫作時，能有機會接觸描寫各種不同的事情、情境、意境的童詩，進而創作屬於自己的作品。接下來是將孩子的天性及童趣比較賞析：〈公雞生蛋〉、〈我愛青蛙呱呱呱〉，雖然詩句簡短，但是意象清楚易領會，不管在字數或詞彙難易度、句子的長短上，都作了精簡的安排，很適合橋樑書閱讀童詩的作品進而仿作童詩練習：

公雞生蛋

天暗暗，地暗暗，

公雞站在大門口說：

喔喔喔，我要生蛋！

喔喔喔，我要生蛋！

喔喔喔，我要生個好蛋蛋！

天亮亮，地亮亮，

公雞跳到屋頂上：

喔喔喔，出來了！

喔喔喔，出來了！

喔喔喔，真的出來了！

我生了一個大的金雞蛋！

（林煥彰，2007：5）

我愛青蛙呱呱呱

一隻青蛙叫了一聲，

所有的青蛙都跟著叫個不停；

整個夏天的晚上，

都是牠們的聲音。

爸爸說：這樣太吵了！

我倒很喜歡聽；

雖然吃過晚飯以後，

媽媽會要我複習功課，

叫我把門關上、把窗戶關緊，

我還是偷偷地，

關進了牠們的聲音。

（林煥彰，2007：3）

　　我們讀了〈公雞生蛋〉這首詩，閉上眼睛想一想，腦海裏就想起母雞咯咯咯地要生蛋的情形。讀了第一節時，腦海裏就會浮現出大公雞叫生蛋的情形，那是一幅可愛、可笑、新鮮又有趣的情景。當媽媽把這些詩唸給親愛的小寶貝聽，小寶貝一定可以在詩情畫意當中入睡，並且一夜好眠。〈我愛青蛙呱呱呱〉，讓孩子在琅琅上口的同時，也能自然的進入想像的世界。童詩除了有豐富的詩趣之外，其實也是修辭教學非常好的教材，形容詞、動詞、疊字詞、誇飾、事件的描述，其中變化的面向非常多。我們可以引導學生在寫作上有更大膽更開闊的嘗試，是老師在教學時可以兼收朗讀、演說與寫作三大功能的最佳教材。以上將文體約略的寫作功能與影響加以敘述，希望藉此不同的文體對孩子各方面的不同影響點出來，讓大家明白多元寫作的廣大助益，對後續所要將新橋樑書教學設計運用在教學上可發揮更大的效益。

　　「新橋樑書」同時也涵蓋多種文類，舉凡紙面文本、視聽文本、網路上的資源，以及藝術方面動、靜態文本都可當作教材資源。新橋樑書的編輯方式透過紙面文本、視聽文本、網路文本以及藝術動、靜態文本等多方面呈現，使教材的發展更靈活，課程更細緻有趣。在紙面文本方面，專書或單篇文章都可以運用，例如 PIRLS2006 範文例題閱讀文選〈海豚救難記〉（yahoo 網站，2006c），透過故事導讀運用在環境教育及品德教育教學中。在視聽文本方面，CD、VCD、DVD、收音機、電視、影片等等，都有運用於教學的適當教材，如影片《佐賀的超級阿嬤》（倉內均，2006），可以讓小朋友體會家庭的愛及對環境的尊重；再如繪本故事《沙灘上的琴聲》（鄭清文，2004），為了尋找會奏鳴的白色

沙灘，白鯨們老老少少，千里迢迢由北到南，展開旅程。皇天不負苦心人，牠們終於找到了，卻發現白沙已經遭受到污染，使得聲音不再優美。牠們同心協力、前仆後繼，洗淨白沙，終於讓悠揚的琴聲再現，然而這是白鯨們用生命換來的。這類的教材適合在環境教育及生命教育作教學。在網路文本方面，能夠學習知識的網站很多，例如太魯閣國家公園的網站、海洋生物博物館的網站，都有海洋生態教育、環境教育……等相關的知識。在動、靜態文本方面，有音樂、舞蹈、建築、雕塑、繪畫等，藝術可以結合聲音、圖形、動畫、文字成為多媒體動態或靜態的文本。2001年9月11日發生在美國本土的一系列自殺式恐怖襲擊事件，劫持者故意使其中兩架飛機分別衝撞紐約世界貿易中心雙塔，造成飛機上的所有人和在建築物中的許多人死亡。兩座建築均在兩小時內倒塌，並導致臨近的其他建築被摧毀或損壞。2011年3月11日日本福島地震引起的大海嘯摧毀賴以居住的家園甚至犧牲了很多人，還有自殺、怕死、吸毒、憂鬱、躁鬱等議題，都可以運用在生命教育的教學上。2011年大學學測的作文題目是〈學校與學生的關係〉，並引司法院大法官會議第684號釋憲案和臺灣大學校長李嗣涔的說法：學校是教學的地方，也是學生學習的地方。學校和學生之間，應如何維持平和的關係，避免陷於緊張，而影響教學與學習，這是學校和學生之間都應關心的問題。（李麗琴，2012：85）以上這些相關知識與議題，都可以組編成橋樑書，而透過寫作兒童在多樣化的教材中學習，以及在有趣的氛圍中將有助於學習者提升學習動機及獲得生活經驗。「新橋樑書」可以由教師編製，也可以讓家長、學生可以參與；此外同事之間也可以組

成一個團隊來編輯新橋樑書的教材。如此所編製出來的教材，大家都可拿來使用，並分享大家的經驗。本章將討論如何把主題與橋樑書結合透過寫作各種不同的形式呈現，如此豐富的教材運用在寫作教學上，一定可以提升學生學習的動機和效果。在這裡所收集到的每一個文本都是菁華，適合以故事文體呈現，透過寫作教學的練習，來達到強化寫作教學而讓學生訓練文筆的目的。例如〈海豚救難記〉一文中有「砰！砰！突然，我身邊的水轟隆一聲噴了起來。然後我聽到這輩子最甜美的聲音，是海豚喀答聲『波波，是你嗎？』我輕聲說。我累得幾乎無法移動手臂，但是雙手抓住他的背鰭必。波波唧唧叫，開始慢慢游，開始在水中拖著我，一小時又一時」（yahoo 網站，2006c），這是菁華的地方。選這一篇〈海豚救難記〉與夏婉雲所著《穿紅背心的野鴨》頗有異曲同工之妙，最主要是以提升學生對生態保育的關懷。繪本故事，鄭清文的《沙灘上的琴聲》文長約 600 字，故事美得像首詩，沙灘上有許多擱淺的白鯨，牠們再也無法等到漲潮，充滿童話色彩。如讓學生觀看一幅梵谷的畫，分析自己屬於使用右腦的人，還是使用左腦的人，並判別抽象思考與具象思考的差異性；原來人的左右腦思考差異，會讓一個人具有完全不同的思考傾向，而且兒童與大人的左右腦也大不同！學生在寫作時可以語詞練習加強語氣，透過聲情的表現，增加寫作的效果，讓學生覺得寫作更有趣。

　　不同的文本之間總有斷裂的地方，如〈海豚救難記〉一文提到，現在海豚的數量越來越少了，因此人類發起保護小海豚的運動，在文中對於小海豚的習性並未詳加說明，也就是有一些在〈海豚救難記〉文中沒有出現的海洋生物圖片。在寫作時，將海洋生

物以及其他角色加入，並結合《沙灘上的琴聲》繪本故事，將有
關鯨魚、海豚、鯨豚的特性及生活習性，編入寫作故事中。另外，
文本與文本間也會有空白，而這也是讓寫作能盡情發揮的地方。
欣賞梵谷的畫，孩子們多半比較浪漫，也比較傾向圖像思考，這
就是為什麼孩子會比較容易接受圖畫，卻少能接受文字的緣故，
因為他們還沒學會解讀文字的符碼，尚未建構抽象的思考概念。
一般的教育與社會規範，其實都在讓孩子練習由浪漫具象的圖像
思考，逐漸走向理智抽象的文字思考，而這中間的轉變，就需要
橋樑書來幫忙；讓兒童在閱讀一本書的時候，就能自然慢慢轉變
他的閱讀習慣。橋樑書可以集結生活題材和多元主題，培養學童
的閱讀興趣。雖然寫作無法呈現畫面，但在內容中也可以加入這
些元素，透過文字情感的表現，也能讓觀眾看見故事的情節及想
像故事中的場景。以上這些都可以作為跟故事文體結合從事寫作
教學的題材。茲將海洋教育主題所編的新橋樑書表列如下：

表 4-2-2　以海洋教育為主題所編纂成的橋樑書
（改自李麗琴，2012：87）

主題	橋樑書
海洋教育	〈海豚救難記〉（yahoo 網站，2006c）
	〈小海鸚鵡之夜〉（yahoo 網站，2006b）
	《沙灘上的琴聲》（鄭清文，2004）
	《美麗的潮間帶》（屏東縣大光國小網站，2009）
	《鯨奇之旅》（DVD 影片）（肯瓦‧皮斯〔Ken Kwapis〕導演，2012）
	《遇見鯨魚》（DVD 影片）（教育主題網站，2000）
	《快樂腳》（3D 動畫）（喬治‧米勒〔George Miller〕導演，2006）
	《珊瑚悲歌》（動畫）（海洋生物博物館兒童網站，2011）
	《穿紅背心的野鴨》（夏婉雲，1988）
	蘭陽博物館

　　上表這套「新橋樑書」的編輯，除了以海洋教育為主題來貫串各個文本外，並將所收集的紙面文本、視聽文本、網路文本，以及藝術動靜態文本由淺到深排序。教學者也可以依據這樣的做法來編輯，甚至學生、家長、同事都可以參與資料收集，然後再一起討論該如何排序、編輯，完成一套適合教學的橋樑書。我所示範編輯的這套橋樑書，除了可以讓每一個教學者拿來使用先進行理解教學外，還可以結合寫作的特性運用在強化式的寫作教學上。

　　「新橋樑書」的定義很廣，沒有什麼限制，周遭生活中只要是適合學生閱讀的讀物或良好的作品，都可以是橋樑書；學生對教材有多元的選擇，如此可以使學生的學習興趣提高。從學生的生活經驗所編選的教材，結合新的寫作方式，對學生來說是一個新嘗試。倘若能結合不同文本中菁華、斷裂與空白處來寫作，讓學生透過故事的角色，透過海洋生物間活潑有趣的對話，學習保護海洋生態，體會尊重生命的道理。經由學生共同討論以及課堂的教學進行海洋教育，藉由文本的教學以及角色的扮演，學習保護海洋生態、尊重生命，達到多元教學的目的。

　　把從「橋樑書」發展到「新橋樑書」的故事帶入寫作中，就可以將寫作教學融入語文領域，並且讓學生透過故事文體、說明文體、童詩創作等方式來討論，激發出學生更多的想像空間和創意，讓學習者因參與寫作活動而喜愛閱讀，並且能夠提升自我的表現。並透過斷裂的銜接、空白的填補和菁華的發揮等引導書寫，就可以將寫作教學重新開展。

第三節　寫作教學的觀念啟迪能夠由橋樑書得到刺激

　　過去，在語文教學上教師一直處於主導的地位，學生所扮演的不過是一個錄音機的角色，或是一個沒有自己聲音的學習體，這樣的教學方式最後所帶來的是意志消沉的學習。因此，以學生為主體的教學方式，必然是語文教學的發展趨勢。在這學習過程中，教師只是個組織者或引導者，它的主要任務是重視學生的學習差異，為學生創設真實的問題情境，激發學生獨立學習的態度，培養學生學習的興趣，以及鼓勵學生選擇適合於自己學習風格的策略。學生學習的態度由被動轉為主動，學習成效自然也能夠提升。（馬行誼等，2008：24）

　　國語文教學的內容包含聽、說、讀、寫，寫作教學是令老師最頭痛的部分，一來缺乏系統化教材，二來是語文節數不足，常令教師深感困擾。學生寫作教材來自於生活經驗、閱讀經驗與教科書，但因有城鄉差距及個人環境等因素，每個人的經驗恐有差異。這麼看來，教科書較能表現起點一致。因此，對教師來說，最有說服力的寫作教學，就是從課文出發來引導學生寫作。小朋友的特質是有豐富的想像力，中年級的學生在創意和想像的天賦上還加深加廣的生活體驗、閱讀經驗及語文知識的鷹架。如果老師沒能在基礎上以有效的工具輔助、訓練學生自由運用語言文字的能力，則學生沒辦法輕鬆發展寫作能力。

　　「新橋樑書」給寫作教學觀念的啟迪是能夠由橋樑書得到刺激，因為寫作可以模擬具體的情境，有較大的彈性讓學生發揮，也可以豐富寫作題材。此外，「新橋樑書」材料多元、豐富，方便吸收，可以應用在具體情境的營造，形式多元、技巧具豐富性。教師可將橋樑書的故事帶入寫作中，藉寫作的發展與討論，讓學生更了解該故事的內容。九年一貫課程培養學生有效應用各種文體，從事思考、理解、推理、協調、討論、欣賞、創作，以擴充生活經驗，拓展多元視野，面對國際思潮；激發學生廣泛閱讀的興趣，提升欣賞文學作品的能力，以體認本國文化精髓；引導學生學習利用工具書，結合資訊網路，藉以增進語文學習的廣度和深度，培養學生自學的能力。（教育部，2008）寫作活動能有效提升兒童的學習興趣，並獲得良好的學習效果，透過寫作的語言作各種不同形式的呈現。藉由寫作的練習，教師提供充分的情境練習機會，來提升學生閱讀運用的能力。讀能夠帶給學生不同的生活經驗，在課程中融入寫作活動，課堂的學習呈現活潑、輕鬆的氣氛，充分發揮學生的創意，達到教學與學習的效果。參與寫作的練習，對學生在語文方面的表現會有強化的作用。透過寫作教學活動促使兒童對學習產生興趣，因而獲得良好的學習效果；透過寫作的嘗試以各種不同形式的呈現，學生有了更多的想像空間以及創意。在寫作的過程中，兒童可以藉由故事情境所扮演的各種角色去面對生活周遭可能遇到的各種情況；而透過假設的情況，在遊戲中學習口語的表達，以及嘗試解決問題，協助兒童建立適應社會的能力並激發其創造力。結合「新橋樑書」與寫作教學，對學童的閱讀學習動機能夠提升；提升了學習動機後進而提

升學童的語文能力，學童藉由自由自在的聯想與自我探索，開啟無限的創造力與想像力；啟發他們在多元智能中語文肢體的動覺、人際及內省等智能及創作、改寫的能力。（蔡慧君等，2008：187-214）在「新橋樑書」與寫作教學中，教師可提供學童創作的機會，透過觀察、發問，引導學童思辨自省，發展閱讀理解技能，促進個別與團體溝通的技巧，增進參與表達的能力，進而能主動的獲得學習與成長的機會。

　　「新橋樑書」和寫作各有其特性，彼此能相輔相成。「新橋樑書」的特性是：可以增加學生的閱讀量、擴充經驗以及彌補制式教材的不足。寫作的特性是：可以擴充及轉化經驗、強化美感、增加同儕間的互動以及能夠相互觀摩學習。將「新橋樑書」與閱讀作結合運用於寫作教學上，可以強化學生的寫作能力；彌補制式教材的不足，擴大經驗範圍，增加學生的學習量，彌補教材太難或太容易的缺陷。制式教材過於簡化，有礙學生閱讀能力及文學美感的提升。制式教材說明性的文本少，類型單一，真實性和功能性不足。教學指引的課文閱讀觀缺乏文學欣賞與收集資訊的真實性閱讀價值。（曾麗珍，2009：83-86）制式教材是屬於單一的文本，缺乏學生學習的興趣，無法強化學生的寫作能力。

　　在教室裡有意義的故事教學，倘若經由教師適當的引導，無論是學生的語文能力的提升、價值澄清，還是人際關係、情緒紓解等方面有很大的幫助，尤其是在人際關係上可看出同學間的人際互動。藉由討論、發表等合作學習讓學生更了解團體中每一分子的努力與否，對大家都具有相當的影響。一般文學作品是書面文字，靠視覺來了解的；詩歌朗讀吟唱是靠語言來傳達的，是靠

聽覺來理解的；至於故事是無限想像的延伸，而這也是故事最迷人的一點。學生喜愛故事的原因，大都是因為情節的發展性，大部分的故事都會有重複性，藉由它的重複性來製造高潮。（林秀娟，2009：113-114）

　　故事要精采，必須能先感動自己。而故事除了要吸引學生外，其背後所蘊涵的教育意義對學生的影響也值得深思。黃雲輝認為故事的教育意義有：（一）使兒童對優良事蹟產生崇拜的心理；（二）增進兒童能力與待人態度；（三）增加兒童嘗試和學問，增廣見聞；（四）促進兒童同儕間的彼此情誼；（五）加強兒童閱讀能力與注意理解力。（黃雲輝，1979：9-10）

　　過去的語文課程經常採用制式而缺少變化的講授式教學。現今則藉由科技產品（例如電視、電腦），融合視、聽覺形式的溝通比例非常大；課程教材的編寫與教學倘若未能與學生生活經驗結合，學生的學習將會面臨問題。「理想課程」（ideal curriculum）和「經驗課程」（experiential curriculum）在實踐上是有落差的。學生生活經驗在教學上的重要性，以三方面來加以述敘：（一）理解的學習：「學習是經由經驗介入，而在個人的知識或行為方面產生較為持久性改變。」也就是說，教學者和學習者的經驗納入學習活動中，學習者產生的經驗改變較持久。學校現行的教材應注意是否連結學生的舊經驗、是否以表徵形式呈現教材、現場或臨場的情境教學、應用新情境作為印證。（二）情境的學習：孔子認為「學而時習之，不亦說乎」，就是強調要將學習內容與生活經驗相互印證。杜威的「做中學」也是大家熟悉的教育觀點，就是學校生活所學能實際應用於解決生活問題。（三）有意義的學習：「建立課程知

識和學習者之間的意義連結，是課程決定必須考慮的重要事項。」人類內在的意識和外在發生的事件，必須等到行動者將此狀態作反省性的自我看待，此生活經驗才會產生意義。（范信賢，1998：2-9）

　　教育可以開創自我、創新文化，教學是一門藝術，教師能靈巧的運用教材、教法和有效的教學，是九年一貫新課程對教師的期待；寫作在語文教學上，對聽、說、讀、寫均具有提升功能。故事充滿趣味，能有效的創造學生的自信，透過精采故事內容使學生用不同的觀點看世界，引導其尊重他人的想法；哲學心理學家迪爾泰（Dilthey）指出，人們的認知、情感等心理現象，可以透過語言文字、動作姿態表達出來，所以學習者可以透過參與及欣賞作品的過程，去創造自我。由此可知，學生的「行動」和「參與」，對其學習具有關鍵性的影響力。（陳麗慧，2001：85-88）

　　「新橋樑書」的教材來源多元化，只要是適合的教材都可以拿來當作教學資源。「新橋樑書」和寫作各有其特性，彼此能相輔相成，運用得宜，會達到良好的效果。教師的教學、學生的學習，都是為了讓學生獲得知識。但是如果學習環境讓學生覺得太沉悶，學習將會有反效果。使用寫作學習，輔助學生達到語言學習的目的。教師可將橋樑書的故事帶入寫作中，藉戲劇的發展與討論，讓學生更了解該故事的內容。傳統的教學是老師說什麼學生就得接受；現在的教學呈現多元化，取代了單向灌輸的方式，以學生為主體，師生共同參與，增加教學的趣味性，提高學生學習的興趣，達到教學的目標。

　　在故事文體方面，我的示範以多種文本搭配環境教育，作為教學的主題，加強學生對環境教育方面的認知，並體會環境教育

的重要。在網路文本方面，我選取了《快樂腳》作為故事文體的基底教材。在故事中主角是波波，波波他是一個天生的踢踏舞高手，每次他高興踏著舞步的時候，總是被族中的長老們冷眼對待，更有長老認為這是族裡漁獲減少的天譴之一。偶爾出現在海平面上的大型鐵殼船，於是波波決定查明真相，他要知道是什麼樣的生物帶走了大量的魚群，危害了他的族群。勇敢的波波死命地追逐著鐵殼船，他一路吶喊著要求人類將食物還給企鵝，自己也處在危險的環境。（喬治‧米勒，2006）在視聽文本方面，選用網路生態影片《臺東鸞山森林博物館》為輔助教材一，對於大自然的探索，對於自然生態的深刻體會，大家學習到尊重大自然的力量，學習順服於大自然的奧妙，並配合學校生命課程帶學生親自走訪一趟，以及透過實際導覽解說的教學讓學生對臺東鸞山森林博物館周邊的環境有更多的認識。（臺東鸞山森林博物館網站，2012）DVD 影片《返家十萬里》為輔助教材二，劇中充滿濃濃的親情與人道保育主義，父親是一個充滿環保意識的藝術家、發明家，有他的支持與鼓勵，父女重新找回溫暖的親情更帶著一群野雁，飛越加拿大到美國南端，學習遷移和找到新的居所。繪本《沙灘上的琴聲》為輔助教材三，在上一節已經敘述過了。說明文體方面，文本我選了單篇文章〈小海鸚鵡之夜〉、〈穿紅背心的野鴨〉為輔助教材四；這二篇有關生態保育的教材文章，因此將文章作成 ppt 檔與學習單，以提升學生對生態保與的關懷。建築有宜蘭的蘭陽博物館，配合學校戶外教學活動實際走訪，出發前先要求學生上網搜尋相關資料，並設計學習單。該博物館建築樓層主要分為四層樓，設計「山層」、「平原層」、「海」等，以展現宜蘭整

體的地理環境、人文軌跡，延伸民眾廣大的想像空間。博物館建築師選取韋瓦第小提琴協奏曲〈四季〉的主旋律，在建築實體的外牆，將協奏曲中「春」、「夏」、「秋」、「冬」四篇樂章的音符，以多重質感的石材轉化為音符，依序排列至建築主體的四個實體外牆上，呈現蘭陽大地的四季農田地景，好似動態的音樂歌頌。（蘭陽博物館網站，2011）雕塑方面，有漂流木國際藝術創作展，以莫拉克風災留下的漂流木供選手使用，經過創作者的創意後，漂流木展現了整體藝術價值。茲將依環境教育主題所編纂成的橋樑書表列如下：

表 4-3-1　以環境教育為主題所編纂成的橋樑書
（改自李麗琴，2012：87）

主題	橋樑書
環境教育	〈小海鸚鵡之夜〉（yahoo 網站，2006b）
	《返家十萬里》（DVD 影片）〔卡洛·巴勒 Carroll Ballard〕導演，1999）
	《快樂腳》（3D 動畫）（喬治·米勒〔George Mille〕導演，2006）
	《穿紅背心的野鴨》（夏婉雲，1988）
	《挖土機年年作響——鄉村變了》（約克·米勒〔Jorg Muller〕，2000）
	蘭陽博物館
	漂流木國際藝術創作展
	臺東鸞山森林博物館

以上表這套「新橋樑書」的編纂，以環境教育為主題來連接不同的文本，將搜羅到的各個文本由淺而深排列。如同第一節所說，教學者可以依研究者的作法來編錄，完成適合的橋樑書，結合說明文體的特性，運用在寫作教學上，達到教學的效果。

所謂「說明文體」，簡單的說就是是向人們介紹和說明事物狀態、性質、特點、功用的文章。我們寫作說明文，只要能夠把一

件事物用淺近的文字說明，或把一個道理清楚明白的解釋就行。
（yahoo 網站，2008）說明文體是根據一個課程中的故事為基
礎，延伸發揮並進行即興創作寫作。學生透過在遊戲、觀察、討
論表現和發表練習後，逐步有能力組織一個故事來寫作。說明文
的界定如下：（一）寫入說明文要注意的地方：1.要層次分明、有
條不紊。要觀察清楚，下筆才能真實。2.要先定下中心點，然後
再從中心點出發，說明其餘各物。3.切不可枯燥嚕囌。（二）常用
的說明方法：1.按照一定的順序作解釋、介紹。2.舉例或者援引權
威者的說話來證明。3.先給事物下定義，然後展開來加以闡述說
明。4.兩相比較，將要說明的事物，和大家熟知的東西作比較。
這樣更容易使讀者了解、明白事物的特徵和本質。（三）說明文的
寫作方式：1.說明事物的狀態（外貌、特點）。2.說明事物的本質
（內在原因）。3.說明事物的變化。（yahoo 網站，2008）

　　在這裡每一個文本都有最精采、精美的部分，這就是它菁華
的地方，適合以說明文體來達到強化寫作教學增加學習的效果。
例如在《穿紅背心的野鴨》文本中，野鴨鎮是一個愛鳥的小鎮，
每年到了冬天，各種候鳥都喜歡到這裡來過冬。一個鎮民無意中
用望遠鏡看到一隻奇怪的花鳧，身上插著一枝細細的棍子，約五
十公分長的箭，從背部刺進去，穿過胸部。拯救工作立即展開，
神槍手獨自潛入蘆葦中，找到最接近鴨群的位置，等了好幾個小
時，才看到小唐緩緩游出鴨群，這時候神射手不慌不忙口動扳機，
一槍射去，不偏不椅，正好射中小唐。因為是一根很細的麻醉針，
經過拯救，小唐恢復了健康。小唐飛走的時候，身上穿著一件紅
背心，那是一位老太太從別的城市寄來的。小唐在空中盤旋又盤

旋，好像向全鎮的人說：「『謝謝！』然後飛遠了，只看到遠處一個小紅點兒」。（夏婉雲，1988）電影《返家十萬里》中小女主角Amy 和父親各自駕著輕航機，引領著十幾隻野雁南渡美國過冬，在飛行的過程中屢屢遭遇挫折。從加拿大飛往美國的途中誤闖了美國軍事基地，父親因所駕駛的輕航機故障墜落而受傷，迫使Amy 必須獨自一個人帶著野雁完成飛行的任務；勇敢的艾咪駕著輕航機，帶著十五隻野雁飛往佛羅里達州的野生保護區，並且及時阻止這個地方的開發。當學生看完影片，經過討論述說自己的想法和心得，寫作時可以達到學習的效果。

　　文本與文本之間會有斷裂處，《穿紅背心的野鴨》文本提到，鎮上的人都很歡迎這批可愛的小客人，大家都遠遠的觀賞，不敢去驚擾。在將近一千隻水鴨中，花鳧數目雖然不多，卻是最美。花鳧是最美的？到底哪裡最美，文中並未說明白。《快樂腳》劇情中偶爾出現在海平面上的大型鐵殼船，於是波波決定查明真相，他要知道是什麼樣的生物帶走了大量的魚群，危害了的族群也沒說明白。〈小海鸚鵡之夜〉單篇文章中，荷拉住在希米島上，她每天都會觀察天空。她輕聲的對自己說：「倫迪。」那些躲藏起來的雛鳥，已經長成小海鸚鵡了。現在正是荷拉和朋友們拿出紙箱及手電筒準備迎接小海鸚鵡之夜。從今晚開始，連續兩個星期，海鸚鵡將會離開並到海上過冬。在寫作時，可以將這些問題結合在一起，藉由寫作一一呈現，喚起大家對環境問題的重視。文本與文本之間既然有斷裂的地方，當然也會有空白處。文本之間的空白處，對學生而言是寫作增加想法的好時機。《挖土機年年作響——鄉村變了》繪本中，原本蝴蝶飛舞、蟲鳴鳥叫的景象，卻因為

挖土機的出現而被破壞了；實際走訪《臺東鸞山森林博物館》課程後，讓我們對整個森林博物館的地理環境及生態有所認識。在說明文體中就可以一一寫出這些畫面，但是透過句子與句子對話，可以讓閱讀者了解整個故事情節。

在進行寫作教學前，學生必須先了解說明文體的特性。教師可以讓小組先作討論，以使學生自然有效、愉快的分析文章內容。將不同文本中的菁華、斷裂、空白處結合起來，透過故事的呈現，讓學生體會愛護環境的重要，並藉由故事的討論與寫作達到分工合作、互相學習的目的。

李玉貴在〈從臺灣 PIRLS2006 評估結果談小學語文閱讀教學的現況與現象〉一文中曾提到：PIRLS2006 國際閱讀評比文本具多元性與實用性。這和「新橋樑書」的設計理念是相同的，從兒童讀物、作品中取材，就是希望它更貼近孩子當下的生活，希望孩子能夠接觸多元的文體。（曾麗珍，2009：92-98）「新橋樑書」的教材來源多元，相對的更具有趣味性及多元豐富的知識，學生學習的興趣提高，學習的效果也就提升了。

在寫作教學中，學生透過閱讀或欣賞影片活動增進學習的功效；學生從角色的扮演與課程的討論中，體會溝通、合作與相互學習的重要。將「新橋樑書」與寫作作結合將二者的特性完全展現出來，運用在寫作教學上可以達到最大的學習效果。至於這種結合，依新橋樑書的特性，只有取新橋樑書的菁華來發揮，或者找出新橋樑書的空白予以填補，或者發掘新橋樑書的斷裂進行銜接；此外就沒有更好或更合適的結合法了。

　　寫作就是一種學習。擁有寫作能力，可以讓人建立信心；有了信心，就會帶來創意與樂趣。好老師該做的事，不是花很多時間「批改作文」；逼學生「每學期教出幾篇作文」，並不是評估教學績效最好的方式，反而可能是導致學生厭惡寫作的罪魁禍首。教師應該扮演的是「引導」的角色，不要一直強調「如何教」，而要看重學生「如何學」。

第五章　橋樑書與寫作教學結合的向度

第一節　從實質結合的可能性中定調

　　曾志朗指出，閱讀是一切學習的基礎，透過閱讀不但可以吸取前人的智慧和經驗，也能增進理解能力、表達能力與思考能力，閱讀還能提升學習興趣，更有助於人格形成與發展。（曾志朗，2000：4-5）柯華威指出，閱讀能力首要建立在語言能力上，好的母語能力有利於閱讀發展，詞彙多的孩子閱讀成效較好；兒童只需要在已有的口語經驗上，學習閱讀能力，透過不斷的自我練習及與人的互動中精進語文能力，並透過思考、記憶來規範自己的行為。（柯華威，2006：27-35）閱讀是收集與儲存資訊的方法，從小養成閱讀習慣有助於日後的學習，更深深影響一生的學習。（郭麗玲，1994：21-25）

　　現行九年一貫課程綱要，將學習分成七大領域，縮短了語文領域的時數，從每週的十節變為五節，教學時數被縮減，以學科為主要的學習內容，沒有多餘的時間安排閱讀教學或寫作教學。倘若要將閱讀教學或寫作教學納入課堂中，那麼原本的制式教材課程就會被壓縮，所以在進行教學活動時，可以以國語課本的內

容為主，然後將本研究第四章所編纂的各套橋樑書，作為教學活動的補充教材，於適當的時機運用在寫作教學上，以期達到寫作教學及閱讀教學的目的，強化訓練的效果。在孩子閱讀啟蒙的過程中，從圖畫書過渡到文字書，需要有一些漸進的安排，讓圖的量漸漸減少，文字的量慢慢加多。如果我們以圖文比例的改變來解釋，孩子在啟蒙閱讀的階段，讀物的選擇要從「圖圖文」到「圖文文」，再到「文文文」。我們稱這種特別經過設計，讓孩子從圖畫書順利進階到文字書的讀物為橋樑書。橋樑書是用來協助孩子循序漸進的建立閱讀能力和習慣。通常這類書也會以生活故事或學校故事為主，大多是幽默或趣味十足的故事。因為「好玩」，才可以吸引剛建立閱讀習慣的孩子願意繼續在文字中優游。至於「豐富化」或「複雜化」的新橋樑書，在寫作教學上運用的可能性是肯定的。以下就我已實施的經驗，將其方法說明如下，期能提供給所有在教學現場的老師們一點參考資源。

　　閱讀的教學以課本內容為主，而以課外閱讀的補充教材為輔，學生在學習中除了對課本的內容加深印象，也可以獲得更多的相關知識。閱讀並不一定要從紙面文本中獲得新知，視聽文本、網路文本、藝術動靜態文本也可以讓學生從學習中獲得有益的知識。我在第四章第二節所編纂的橋樑書以海洋教育為主題，並搭配多種文本為補充教材，學生透過多種文本的學習，加深對海洋生態的認識，體會生命的重要。文本中菁華的地方，倘若能以故事的方式呈現，將可以達到強化寫作教學的目的。例如繪本故事，鄭清文的《沙灘上的琴聲》為了尋找會奏鳴的白色沙灘，白鯨們老老少少，千里迢迢由北到南，展開旅程。皇天不負苦心人，牠

們終於找到了，卻發現白沙已經遭受到污染，使得聲音不再優美。
牠們同心協力、前仆後繼，洗淨白沙，終於讓悠揚的琴聲再現（詳
見第四章第二節）。然而，這是白鯨們用生命換來的，沙灘上有許
多擱淺的白鯨，牠們再也無法等到漲潮；學生在聽完故事後，了
解到因人類的無窮慾望破壞了大海的生態，應該學會愛護海洋、
保護海洋，並能體會海洋教育的重要。

　　在課文中屬於空白或斷裂的部分，可以使用補充教材來填補
及銜接，增加學習的趣味性。例如在〈海豚救難記〉一文提到，
現在海豚的數量越來越少了，因此人類發起保護小海豚的運動，
在文中對於小海豚的習性並未詳加說明，也就是有一些在〈海豚
救難記〉文中沒有出現的海洋生物圖片。在寫作時，將海洋生物
以及其他角色加入，並結合《沙灘上的琴聲》繪本故事，將有關
鯨魚、海豚、鯨豚的特性及生活習性，編入寫作故事中。另外，
文本與文本間也會有空白，而這也是讓寫作能盡情發揮的地方。
除了文中所提到的事情以外，還可以向學生介紹海洋生物博物館
的建築特色、各個主題館，以及向學生說明舉辦漂流木國際藝術
節的緣由。另外，在課文中只提到鯨魚以及海豚這些生物，但在
海洋生物除了鯨魚、海豚之外，還有很多魚類，如飛魚、金線魚、
蝶魚、小丑魚等等；還有一些在課文中未提及的生物都可以將牠
們納入上課的教材中，並說明牠們的特性，讓學生能夠多認識海
洋中的生物。在第四章以海洋教育為主題所編纂的橋樑書，雖然
將它結合寫作來呈現，但是這套橋樑書還可以用說故事方式來呈
現。平常收集《國語日報》、《兒童日報》童詩專欄作品，從中選
擇較適合學生程度且貼近學生生活情境的部分，學生能領會其意

境、喜歡，而讓學生朗讀或用四格漫畫的方式繪圖創作寫作。希望孩子在閱讀寫作時，能有機會接觸描寫各種不同的事情、情境、意境的童詩，進而創作屬於自己的作品。雖然詩句簡短，但是意象清楚易領會，不管在字數或詞彙難易度、句子的長短上，都作了精簡的安排，很適合橋樑書閱讀童詩的作品進而仿作童詩練習。故事的積極意義是指「用一定的次序，把許多事情排列起來」，因而產生「故事化」動人的效果。「故事」的成立與否，主要看看有沒有具備「故事化」而定。「故事化」是一種迷人的、有力的、精緻的情節推進過程，有了這個過程，事件的敘述才會產生趣味、展現魅力、吸引讀者關注故事的發展，一直到事件結束為止。（蔡尚志，1989：4）「故事」的定義以廣義來說，不僅突破過去的舊事跡，進入「現實生活」，而且又進入到「想像性故事」，甚至運用寫作技巧，將情節加以虛構。而這些虛構的情節為了達成「合乎兒童心理」、「開闊視野」、「充實生活」、「豐富思想」等目標，必須具備某些條件和技巧。這些條件和技巧的講究，就是在進行創作故事。（何三本，1997：255）故事有挑戰性的地方，是在於找出哪些是敘述的部分，在有效的基礎下作出選擇，把文中意義傳達出來。說故事是透過聲音來敘述故事，所以沒有背景，但是可以做簡單的道具，說故事者必須透過聲情的表演來達到故事的內容和效果，並要能夠吸引聽眾。在故事文體，以多種文本搭配環境教育，作為教學的主題，加強學生對環境教育方面的認知，並體會環境的重要。故事內容以網路文本中的內容為基本，結合其他文本，集合學生的創意。學生在表演的同時，不僅得到了表

演的樂趣，也獲得新的知識，學習了說話的技巧，相對的也提升了寫作的技能。

「新橋樑書」的定義很廣，沒有什麼限制，周遭生活中只要是適合學生閱讀的讀物或良好的作品，都可以是橋樑書；學生對教材有多元的選擇，如此可以使學生的學習興趣提高。從學生的生活經驗所編選的教材，結合新的寫作方式，對學生來說是一個新嘗試。倘若能結合不同文本中的菁華、斷裂與空白處來編寫故事，讓學生扮演故事中的角色，透過海洋生物間活潑有趣的對話，學習保護海洋生態，體會尊重生命的道理。經由課堂的教學進行海洋教育，藉由文本的教學以及角色的扮演，學習保護海洋生態、尊重生命，達到多元教學的目的。

理解、建構一種教學理論對語文教學有實質上的便利性，能以一當百及與時並進地去處理寫作教學上的困難，也提供寫作教學的一種方便法門。思考語文教學，當先辨析文體的特質以及類型。以下依據周慶華在《創造性寫作教學》中的分類：倘若以語言表述的內在樣式或取樣向度作為依據，就可以暫且把文體區分為「抒情性文體」、「敘事性文體」和「說理性的文體」等三大類型。而這三大類型又可以有前現代式的、現代式的和後現代式等學派型態的差別，以致就可以形成更多次類型的文體。這些類型，還可以描述、詮釋和評價等手段以及再現、重組、添補和新創等方式各自成就所要成就的具體樣式。依照這個圖示，幾乎所有的寫作文體教學的課題都可以從中得著定位和適度討論：

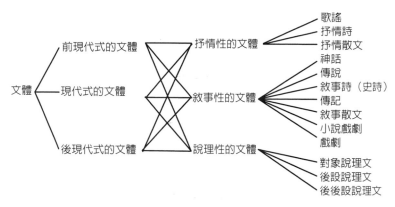

圖 5-1-1　文體類型圖（資料來源：周慶華，2004b：19）

　　雖然如此，實際的創造性寫作文體教學還得要再細緻化，才有具體指稱的便利性。換句話說，抒情性的文體、敘事性的文體和說理性的文體等都是高度概括的文體指稱，它們還需要再予以細分，以便作為論說和實踐的依據。（周慶華，2004b：17～20）直接學習是屬於一種正規的教育，而我要討論的文類主要是屬於間接學習的文學性讀物，也就是所謂的兒童文學。一般兒童讀物的內容相當廣泛，依據林文寶在《兒童文學》中提及：「因為學做的目的不同，可分為非文學性的和文學性的，非文學性的讀物也稱為知識性讀物，重在傳達各種知識；而文學性讀物，重在傳達美感或遊戲的情趣。」（林文寶，2000：35）而需要指導寫作的，就是文學性的這一部分。

　　閱讀與寫作是一個統一體。閱讀是吸收，寫作是傾吐，傾吐能否合於法度，顯然是與吸收有密切的關係。寫作的技巧固然重要，但須植基於讓學生在自己的閱讀過程中去慢慢地體悟。事實上，在引導閱讀中，老師可以利用發問、仿效、訓練以及明確的

教學來協助學生學習，教給學生有關的寫作方法，做到讀寫結合，以提高學生的作文能力。目前寫作教學效率不佳的一個主要原因在於「閱讀」這一關沒引導好。閱讀與寫作是一體的，只要善於閱讀而使閱讀水準提高，寫作水準沒有不提高的。它們是相輔相成的，而所有寫作的技能、本領應該是從閱讀中來的。結合閱讀與寫作的教學來發展學生深層的概念理解；學生透過問題解決的寫作方式來學習概念是比較好的，經由與同儕合作所建構的理解，能讓學生從事更有意義的學習。

因此，在指導學生讀完一篇文章或一本書後，學生會以自己的理解，產生了想法和感覺。不過自己的想法和感覺不一定清晰具體，在這個時候，老師應該要協助學生，使他們的想法及感覺能夠落實發芽，給學生討論的機會去修正自己想法及感覺。在這一切完成後，學習者便能掌握住對一篇文章或一本書的欣賞或批評的要領，進而能夠透過文字展現自己的主張來。

從另一方面來看，由於寫作教學沒有固定的課程，教師可以不受統一課程的限制，依創造性教學原則自由編選教材，提供機會讓學生透過自由創作活動，增進其寫作能力。因此，我個人認為利用橋樑書可以克服目前寫作的困境：

（一）建構啟發性的學習情境

兒童接觸寫作題目時，往往陷入一種「埋頭苦思」的境地，忘記現在的我和生活環境都是活生生的，密不可分的。因此，教師建構一個可以啟發學生思考、感受及行動的「學習情境」，是解決寫作教學困境的前提。

（二）提高兒童的學習意願

兒童對寫作產生排斥心理，無法享受寫作的樂趣，原因有二：第一是兒童生活廣度、深度較狹隘，語彙不足，常常眼高手低，增加了寫作的挫折感；第二是學習環境嚴肅緊張，無法激化兒童創造力表現。教師應該針對內容，建立系統性教學引導模式，並將活潑親切、生動有趣的教學策略融入教學情境中，透過師生互動的教學歷程、同儕合作學習，營造優質的學習環境，以及有意義的學習過程，使寫作變成一種遊戲、一種樂趣、一種成長。

（三）激發兒童的真情實感

兒童寫作往往說得不過細膩、寫得不夠深刻，每每讓教師在批改時傷透腦筋。這種窘境反映出兩方面的問題：一是寫作缺乏適當的引導；二是學生忽略內心情感的表達，使文字和思想、情感未能緊密呼應，以致寫得不夠細膩和深刻。

（四）活化寫作的教材教法

兒童寫作常為了「寫不好」而苦惱，這便牽涉到如何引導教學的問題。要使文句更通順，活化文章的美感，教師可以將學生帶到真實的生活情境中，或是創設具有美感的典型場景，透過多樣化的教材教法，發展適合兒童學習的單元教學設計，兼顧語法、修辭和思維的訓練，以引導思路、觸發情感、充實內容為目標。

總括來說，橋樑書運用在寫作教學上，充分利用了「情」與「境」之間的關係，以「物」激「情」，以「情」發「辭」促「思」，

以「思」加深對「情」的認識，在真、善、美的優選情境中，激發學生寫作時的觀察力、想像力和判斷力，並且在具有啟發性的教學語言中，使學生從寫作過程不斷獲得成就，而使寫作成為一大樂事。因此，橋樑書和寫作結合在語文課發展活動實質結合，就可以跟閱讀教學、寫作教學等融合而相互提升教學成效。換句話說，橋樑書和閱讀結合在寫作教學上運用原是為強化寫作教學的，現在如能跟其他項目教學穿插為用，也同樣有助於其他項目教學的活潑化和豐富化，終而雙雙展現優異的教學成效。

第二節　橋樑書與寫作教學的互為作用

閱讀和寫作極有關係，閱讀本是資料的輸入，而寫作是資料的輸出；如果我們希望提高學生的寫作能力，就先要提高他們的閱讀興趣。閱讀，就是「自學能力」，也是「思考能力」。閱讀的核心，在於思考。閱讀教學應該包含寫作，二者是輸入與輸出的循環，透過做筆記書可以讓學生把閱讀與寫作結合，有較完整的學習。在臺灣的國語課裡，老師教「寫大意」時，竟然有要孩子把標準答案填入正確格子裡的現象。我們剝奪了孩子說話的權利，並代替作者告訴孩子，說作者的意思就是這樣，這其實不是閱讀。為什麼孩子的閱讀興趣會被剝奪？正是因為本來應該讓孩子「投入、對話」的閱讀課，我們卻極少讓學生去感受「主角的感受」，沒讓學生有機會對話，孩子沒有省思過這本書是否滿足自己的期望，也不知如何向別人介紹這本書，甚至問問自己「假如

我是作者，可以如何續寫發展？」為了推動閱讀，教師常挖空心思為書籍設計問題，甚至結合藝術和社會領域教學，整堂課排滿活動，但學生是否有時間停下來思考？讓學生隨手有喜歡的書、安排空閒時間看書等，減少頻繁的活動，學生反而愛上閱讀。

　　長期推動閱讀教育的中央大學教授柯華葳指出，許多教師推閱讀，常急切的想讓學生學習新知能，例如反覆做修辭和譬喻的練習，反而扼殺對閱讀的興趣。她認為應該符合學生需求，才能永續經營，即使每天讀二十分鐘也會有效果。

　　柯華葳說，不管教學作法或目標應該都要緊扣閱讀，她以一個教案為範例，教師從閱讀情緒、生命教育的書開始，有系統的引導學生閱讀大量名人傳記、少年小說，最後讓學生寫自己的傳記小書。閱讀最重要是要「教思考」，但教師在帶領時常給標準答案，代替作者告訴學生書本的意義，也剝奪學生說話權利。柯華葳建議，可從分享、討論做起，教師最好能鼓勵學生說出兩種心得或角度，學生就能認真理解文意，練習思考。（引自洪蘭，2009）

　　橋樑書必須具有可讀性，因為當孩子習慣字少而色彩豐富的圖畫書後，如何吸引或說服孩子讀文字書，故事的精采度和趣味變成一個重要的要素。一本好的書，就是不管大人小孩看了都覺得有趣，這種有趣就是閱讀的滿足感。當孩子成功地跨足到文字書領略這種滿足感後，閱讀的癮就來了，媽媽不用催，他們就會找書來看。因此，橋樑書扮演了一個重要的關鍵：「要能讓孩子延伸或發展進一步的能力」。哈佛出版社推出《彩虹仙子》系列，裡頭的圖是黑白線條的，這可以讓孩子邊看故事，邊著色，把書裡的文字具體化（譬如「紅色」的仙子，「黑色」的缸子等等），也

可以讓孩子在書裡頭的故事情節停留久一點的時間。倘若能讓孩子加深對故事的印象，藉此可以培養出想像力和寫作力緊密的關聯。張錦娥曾經提到：「在美國上過寫作課，第一堂課不是寫作文，而是『素描』，老師要我們畫出過去五年內印象最深刻的畫面，藉由這個過程去發展小說寫作的技巧。反觀現在的圖書市場，很多童書為了賣相好，總是有著色完整的插圖，雖然是很吸引人，但是如果能留一些空間給孩子創作，我認為是更好的。」（張錦娥，2008）

　　美國國家寫作計畫開宗明義指出全世界的教育改革，都把寫作能力，高舉為首要必學的「關鍵能力」。因為「寫作力」，不只是應付國語文考試拿高分的「作文」能力，而是統整邏輯思考、創意想像、組織表達等各種能力的綜合體。要培養孩子迎戰未來的競爭實力，就從「寫作力」開始！升學考試宣布要考作文後，許多家長與老師開始擔憂孩子的作文能力，並產生許多疑問，普遍的問題如：怎樣提升孩子的作文能力？但更多的家長不解的是：我的孩子考試成績很好，為什麼作文寫不好？上述問題看似個別，其實是環環相扣的。語言學家赫伯特（Humbolat）曾提及：「文字表達不是現成的『成品』，而是思維與心靈的活動歷程。」寫作者透過文字表達自我的觀點與生命訊息，如同教育部中教司長陳益興表示，寫作測驗的目的「在評量學生表達見聞與思想的能力」。（林美琴，2009）

　　由此可知，寫作不只是語文的活動，更是思維的活動與生活品味、生命格局的表徵。因此，作文評量的不只是語文能力，更是孩子學習歷程轉化與內化後的個人氣質。一篇作文佳作不只是

文詞表達無誤，或是行文流暢，甚至善用成語、修辭而已，而是能夠運用語詞精闢地表達深刻的思維與見解。終日埋首於評量的孩子，也許國文成績不錯，因為考測驗題是以考題的素材進行判斷的能力，而寫作文更重要的是要有創造力與表達力，能夠根據題目自行創造寫作的材料，彙整、組織，抒發見解。雖然語文能力是寫作的基本要素，但作文卓越的關鍵卻在於生命視野的深刻與開拓，對於現在的孩子而言，比起行萬里路，或是從生活中獲取深刻的生活體驗，閱讀是最簡易有效的方式。

　　透過一本書就能與古往今來的知識巨人對話，開拓寬廣的生命格局，啟發個人的想像力，馳騁於遼闊的心靈空間，開啟無限可能的生命視野，並學習到作家如何以靈活的遣詞用字，深刻表達所思所感。只有經過自己反芻產生見解，這樣寫出來的文章才會深刻，能敲扣自己內心情感的文字，才能感動別人。因此，閱讀力是作文力的鋪墊，讀出閱讀的內涵，儲備寫作需要的養分與素材，這是作文深刻思維與豐富素材的來源。閱讀是深化思維與靈活表達的基礎，而寫作則精準反芻了閱讀豐富的心靈養分，學習便能在吸收與應用中靈活進出。從閱讀涵養靈活的語感，活化文字表達能力，引出內在的源頭活水，就能言之有物。如此一來，閱讀與寫作互為骨肉，相輔相成。因此，建構孩子閱讀與寫作的實力，閱讀就能成為作文豐富素材的來源，寫作也能成為閱讀的消化與反芻行動，閱讀與寫作雙贏！（林美琴，2009）

　　以往的教學採單向灌輸的教學方式，學生學習起來感到乏味；另外，對於學生來說，寫作是他們覺得害怕的事。但閱讀與寫作卻是學校課程的核心，是學習與建構知識的根柢，是奠定終

身學習的基石。閱讀與寫作都是動態且建構性的歷程，作者把自己的意義融入在寫作中，企圖將自己的概念想讓讀者理解；讀者透過閱讀，用自己的價值觀、經驗和理解來建構自己的意義。我們教導學童不僅僅是指導他們的課業而已，人格的形塑更是重要，從小就讓孩子有上臺表現的機會，他們習慣在眾人面前呈現自己的能力以後，未來他們才會主動去爭取屬於自己的舞臺。（鄭揚達，2010：139）在課堂中隨時可以讓學生練習朗讀自己寫作的文章，在教室中，當學生看到同儕被老師及其他同學肯定時，會增加他的自信心，也會讓他變得更大方，如此在表演時就能得心應手，獲得學習的功效。

　　在我服務的學校，每學期都會舉辦全鄉語文方面的才藝競賽，包括說字音字形、朗讀、演講、寫字、寫作等；另外各年級還會輪流讓學生上臺作好書介紹以及讀書心得發表。每個學生的個性都不一樣，並不是每位學生都會樂於參與這樣的活動，尤其是說故事和演講比賽。說故事和演講比賽學生必須將故事內容背起來，在比賽時需要有肢體動作呈現；另外演講比賽，學生必須當場抽題在短短的三十分鐘完成擬稿的動作，上臺時也需要注意臉部的表情以及音調的起伏等，對一些比較內向的學生來說會覺得比較困難。相對的，好書介紹以及讀書心得發表這兩項，學生會覺得比較輕鬆，因為不用限時間，也不用和別人比賽，所以就會比較多人主動報名參加。為讓學生有說話、寫作的機會，在上課中會有小組討論再發表或個人發表的機會。我的班級學生很愛說話，課堂上只要有一個主題，大家就會踴躍發表意見，而且欲罷不能；有少數學生比較內向、文靜，總會默默的坐在位置上，

聽著同學的意見，這時我會引導他們發表自己的想法，讓每個學生都能參與上課的氣氛。

凡是朗讀、說故事、演說，寫作和辯論等，都是可以透過訓練而加以補強的。利用這些特點，教師應將寫作教學確實的落實在平日的國語科教學裡，使學童在日漸的學習中，慢慢改善其寫作的能力，讓學童在寫作方面的表現將更趨於自然、合宜，連帶在其他各方面的表達也將會更好。劉勰《文心雕龍・神思篇》說：「積學以儲寶，酌理以富才，研閱以窮照，馴致以繹辭。」他提到寫作的四個步驟：作文章首先要平時累積學問，儲存知識寶庫；其次是明辨事理，以豐富寫作的才識；再次為體驗生活，以增進觀察能力；最後再順應感情的發展，以演繹美妙的文辭。「積學以儲寶」就是要我們多讀書，積存閱讀材料，再密切配合思想、情意、文辭，以達到「讀書破萬卷，下筆如有神」的境界。（后江月，2008）

孩童時期，記憶力極佳，倘若能博覽群籍，將書中養分儲存腦際，日後取用自如，必能終身受用不盡。然而，一般喜愛閱讀的兒童，為什麼提筆作文，卻常有下筆困難的感覺？為什麼喜愛閱讀的兒童又常會排斥、害怕作文？「讀」與「寫」密不可分；但是「讀」與「寫」之間為什麼又有無法跨越的鴻溝？我們指導學生學習國語文，最重要的目的有二：一是閱讀；一是寫作。閱讀是吸收，寫作是表達；前者是認知，後者是創造。

閱讀能寬廣視野，擴大見聞，吸收經驗，增進知識；寫作能應用思考，暢通理路，組織內容，表達思想，磨練文筆，抒發感情。閱讀是吸收，寫作是運用；閱讀是儲存養分，寫作是開枝發葉。雖然，閱讀與寫作相輔相成，但是我們依然會發現，有些學

童閱書無數，卻無法下筆為文，造成喜歡閱讀，不會寫作；博覽群書，下筆困難的現象。「讀」與「寫」的關聯性，在寫作的練習上，自有其積極的意義。假使「讀」與「寫」脫了節，那麼閱讀所吸收到的，只不過是些空洞的語文常識罷了，對寫作仍是沒有幫助。這種脫節現象，顯示閱讀教學與作文教學出現問題。雖然閱讀是一件私密的活動，但依然有法可講；而雖然寫作「運用之妙，存乎一心」，但也依然有法可尋。因此，老師在進行閱讀教學時，應加強閱讀理解能力，分析文章的布局結構，探究題意內容，討論表達手法，講解修辭技巧，發表心得感想。實施寫作教學時，能採用寫作教學策略，循序漸進，進階訓練，按部就班，解析文章結構，講授寫作技巧。做到閱讀教學即寫作教學；寫作教學即閱讀教學的地步，讓讀與寫之間沒有障礙，讓讀與寫之間沒有鴻溝，讓閱讀與寫作完全接軌。

　　一般而言，兒童人生閱歷貧乏，生活經驗狹窄，為文言之無物，下筆不知所云，其肇因於寫作資料貧乏、閱讀與實際寫作脫節、抓不到讀寫的技巧等。以下提供幾種方法，以搭建從「讀」到「寫」的橋樑。

（一）實施閱讀教學

　　利用語文、彈性等學習領域，設計閱讀課程，實施閱讀教學，採用創造思考閱讀教學、多元活動閱讀教學、多樣感官閱讀教學等模式，指導兒童不同文體的閱讀方法，發展自己的讀書方法；靈活應用各種閱讀理解策略，闊展閱讀視野；熟練應用工具書，培養自學能力；實施趣味化、多樣化的閱讀教學，培養良好的閱

讀興趣、態度和能力；廣泛閱讀各種讀物，增進閱讀能力；認識基本文體的特色與寫作方式，做好從讀到寫聯接，循序練習寫作，逐步豐富作品內容。

（二）加強作文教學

寫作能力的培養，大部分來自閱讀與生活體驗。目前國小語文教育的瓶頸在於「有閱讀活動，沒有閱讀教學；有寫作課，沒有寫作教學。」在語文教學上，仍停留在「認字識詞」的層面上，對於課文探究、結構分析、文章賞析、作文指導等較深入的文學層次，依然力不從心，困難重重，出現無力感。因此，提升教師的文學素養與寫作教學策略，實為當務之急。期能讓教師具有從題目、主旨、大意到內容探究、結構分析、語句修辭、敘寫技巧等教學能力，並建構一套完整的寫作教材教法模式，教導學生認識各種文體類型、知道寫作的步驟、欣賞作品中的表現技巧、以及應用各種表達方式寫作。

（三）推展閱讀活動

「活動」符合兒童天性，推展閱讀活動應以兒童的興趣、需求和能力為基礎，設計一系列以兒童為中心的活動。舉辦展示性、遊戲性、操作性、競賽性或教育性的活動，例如閱讀檢核認證、閱讀摸彩禮卷、書名猜謎遊戲、故事和作者配對遊戲、小書製作、拜訪書的家、閱讀護照、閱讀小志工、班級讀書會、親子共讀活動、兒童閱讀專題演講、圖書館利用教育、撰寫讀書心得報告、填寫閱讀學習單等活動，從提升兒童閱讀興趣入手，養成閱讀習慣，豐富寫作資料。

（四）擴充生活經驗

　　兒童提筆作文，或無從下筆、或言之無物、或不知所云、或懼怕作文，其原因或許萬端，但主要癥結不外缺乏閱讀、寫作與生活經驗。讀書、讀人、讀大社會、讀大自然，都是擴充人生經驗的方法。教師可指導兒童依循「聽」、「看」、「感」、「想」、「行」等途徑，去感知、去思考、去觀察、去參觀、去體驗世間人、自然物、創造物等天地間的萬事萬物，擴大生活經驗，豐富人生閱歷，敏銳思緒理路，以儲備取之不盡、用之不竭的寫作題材。

　　總括來說，讀與寫關係密切，互為因果。俗話說：「熟讀唐詩三百首，不會吟詩也會吟。」「讀書百遍，其義自見。」讀得多，讀得廣、讀得熟，一旦為文，文字自然通順，文法自能暗合法度。除了讀得多，讀得熟之外，尚須多練習寫作。「能讀千賦，則能賦。」寫作唯有多讀始能下筆如有神；「讀十篇，不如寫一篇。」文章唯有多做始能文思泉湧，文筆流暢。所以說：為文有三多，多閱讀、多作文、多思量。（后江月，2008）

　　教師可以有計畫的設計單元學習活動，提升學生語文朗誦及寫作能力、語文組織能力、想像與創意能力、觀察與描述能力，以及自信心的培養等。讓學生在語文教學中，不斷的融入聽、說、讀的趣味活動，增加學習的動機和意願。（鄭玉疊，2007：71-73）教師對於語文教學的聽、說、讀、寫、作五種能力，注重程度都應該一致，不可偏重某方面的能力。說話教學在訓練學童表達能力的同時，還可以培養學童的創意、觀察力、自信心。說話教學的投入，可以讓語文活動更多元化，讓學童在學習時，有更多的

新刺激，創新教學是學童提高學習動機的原動力。（鄭揚達，
2010：144-145）

　　將橋樑書結合寫作運用在教學上，達到語文教學的功能。透
過這樣的教學活動，學生除了能夠獲得了課本內的知識，也學習
到制式教材以外的相關知識，更重要的是可以讓學生提升寫作能
力，增進語文能力。寫作教學的教材資源可以從多種文本中取得，
在第四章第三節以環境教育為主題所編纂的橋樑書，結合不同的
文本，藉由環境教育的影響，讓學生學會對家鄉環境的改變、動
物的減少、學會尊重，從關懷的行為中得到自信。文本中菁華處
以說明文體的方式呈現，讓學生在有趣的教學活動中獲得更多的
學習成效。例如在《穿紅背心的野鴨》文本中，各種候鳥都喜歡
到小鎮來過冬，已成了村民的習慣，鎮民無意中發現一隻奇怪的
花鳧，身上插著一枝細細的棍子，從背部刺進去，穿過胸部。拯
救工作立即展開」。（夏婉雲，1988）電影《返家十萬里》中小女
主角 Amy 和父親各自駕著輕航機，引領著十幾隻野雁南渡美國過
冬，在飛行的過程中屢屢遭遇挫折。父親因所駕駛的輕航機故障
墜落而受傷，迫使 Amy 必須獨自一個人帶著野雁完成飛行的任
務；勇敢的艾咪駕著輕航機，帶著十五隻野雁飛往佛羅里達州的
野生保護區，並且及時阻止這個地方的開發。當學生看完影片，
經過討論述說自己的想法和心得，寫作時可以達到學習的效果。

　　文本與文本間會有斷裂，《穿紅背心的野鴨》文本提到，花鳧
數目雖然不多，卻是最美。花鳧是最美的？到底哪裡最美，文中
並未說明白；《快樂腳》劇情中偶爾出現在海平面上的大型鐵殼
船，於是波波決定查明真相，他要知道是什麼樣的生物帶走了大

量的魚群，危害了的族群也沒說明白。〈小海鸚鵡之夜〉單篇文章中，荷拉住在希米島上，她每天都會觀察天空。她輕聲的對自己說：「倫迪。」那些躲藏起來的雛鳥，已經長成小海鸚鵡了。現在正是荷拉和朋友們拿出紙箱及手電筒準備迎接小海鸚鵡之夜。從今晚開始，連續兩個星期，海鸚鵡將會離開並到海上過冬。在寫作時，可以將這些問題結合在一起，藉由寫作一一呈現，喚起大家對環境問題的重視。文本與文本之間既然有斷裂的地方，當然也會有空白處。文本之間的空白處，對學生而言是寫作增加想法的好時機。《挖土機年年作響——鄉村變了》繪本中，原本蝴蝶飛舞、蟲鳴鳥叫的景象，卻因為挖土機的出現而被破壞了；實際走訪《臺東鸞山森林博物館》課程之後，讓我們對整個森林博物館的地理環境及生態有所認識。在說明文體中就可以一一寫出這些畫面，但是透過句子與句子對話，可以讓閱讀者了解整個故事情節。透過故事的呈現，讓學生體會愛護環境的重要，並藉由故事的討論與寫作達到分工合作、互相學習的目的。

　　在教學活動中，從一段空白、斷裂、菁華的寫作取材，或將作品透過「集體創作」改編成文本以及附帶進行個人創作，是一連串一氣呵成的作品產出。這時學習者所接受的就不僅是觀賞寫作時的個人經驗，因為集體創作而會開始吸收他人的、多方不同面向的心得分享。而由個人生活經驗分享及創作表達延伸題材與發揮，同時也能欣賞他組的集體創作，不啻會更豐富經驗。這樣等到個人創作時必定已收集了許多的「感受經驗」，寫作起來也就有更多的資料可以輸出。

　　藉由寫作中的填補空白、連接斷裂、發揮菁華，可以發現寫

作的題材是廣泛的，甚至可以因為不同的觀察視野擷取不同的片段來顯創意，所以一篇單獨的文章或網路文本、視聽文本都可以改寫成多種且風格不同的文本作品。

　　將橋樑書與寫作實際結合來教學，透過閱讀的欣賞，發現文本中的空白、斷裂與菁華處，再由小組討論，以填補空白、連接斷裂、延伸發揮菁華等三個方向擇一選取題材改編成文本，藉由各小組間的創作討論與分享，來實現寫作教學的活潑化作用，更能帶給學習者更深的體驗與創意，進而在文字創作上有所表現。

　　此外，寫作教學的成果，也因為對橋樑書的編輯有「空白、斷裂、菁華」等多重的發掘而可以回饋給橋樑書的編輯者，讓他們知道編輯橋樑書必須更為慎重，以便減少空白、斷裂且多往菁華處選材（或多選擇菁華的題材）。因此，橋樑書就不只單向的提供寫作教學豐富的資源，它還可以跟寫作教學構成一種互為作用的關係；這種等寫作教學來「促其改善」的反向功能，也是橋梁書值得期待的一面。

第三節　寫作教學從橋樑書中借鏡與更事發揮的雙重取徑

　　寫作是學生展現其知識的主要憑藉，也是影響學習成敗的關鍵。許多學者、第一線的教師或國家，對學生的寫作力表現，表示極大的擔憂，並提出改革的呼籲。（吳怡靜，2007）因此，世界各國都開始將「寫作力」的發展，當成涵蓋各科目領域的基本

能力。以美國國家寫作委員會（National Commissionon Writing）
為例，在推動美國各級學校寫作改革的報告書中強調，學生必須
「學習寫作」與學會「透過寫作學習」（何琦瑜，2007）；也就是
寫作是學生學習、展現學習成果的重要利器。寫作離不開聆聽、
說話、寫字和閱讀，特別是閱讀與寫作有其直接的關聯。葉聖陶
指出：閱讀的基礎訓練不行，寫作能力不會提高。（葉聖陶，2007）
張毅認為：勤讀優秀的文學作品，自然就會提高文學欣賞和寫作
水準。（張毅，1987）然而，透過閱讀就能對寫作產生直接的影
響的論斷，顯然過於樂觀。

　　反觀橋樑書結合寫作教學的新嘗試則不然，它可以大為改善
這條通路的順暢性。我們知道：「橋樑書」的閱讀策略，是為了能
讓孩子無礙的轉化成長時間獨立閱讀文字書的過程。「橋樑書」是
脫離繪本進入文字書的關鍵閱讀策略，孩子進入「過渡」的閱讀
時期。「橋樑書」的閱讀策略除了跳越繪本的銜接之外，「獨立閱
讀能力」的培養與「長期閱讀定力」的養成，才是閱讀「橋樑書」
轉化的關鍵功能。（子魚，2009）現在坊間的出版社，陸陸續續
推出的橋樑書，依孩子的階段性作考量。但是同樣的橋樑書出版，
是否標明為橋樑書的書籍才是某階段的閱讀者最適合的選擇？其
實不然，教育工作者要有更細膩的觀察、更貼近孩童的遠見，對
兒童的心理發展要有更精深的了解及認知發展層次上更專業的定
見。在孩子的生活周遭的讀物、作品中取材，以橋樑書的階段性
閱讀概念，進行多元文類的選擇。教師要考量學生的強項特質，
倘若有重複學習而無益於學生的彈性學習時間，可以安排規畫為
橋樑書的教學課程。至於新橋樑書教材的編製，教師要注意瀏覽、

閱讀過的書報雜誌，甚至任何一場研習、演講，隨時留意身邊的寫作素材，完成一篇如預期中理想的作品。教材設計的教學主題明確了，資料齊全後再依學生的學習層次，編製一份適當而有創意的「新橋樑書」教材。（曾麗珍，2009：1-6）

　　新橋樑書的教材來源多元化，所選編教材能使內容能夠生動活潑，有趣味的教材對孩子充滿吸引力，可以幫助孩子發現學習的樂趣，產生學習的動力。（林武憲，2004：164）語言的學習，可以將抽象的文字變成能感動的具體經驗，把學習的內容記得特別清楚。尤其透過「扮演」了解作品背後的深層意義，不但對語文學習有莫大的助益，還可以在寫作虛擬的情境中發揮更多的創意。（黃郇英，2005：14）寫作活動能有效提升兒童的學習興趣，並獲得良好的學習效果。透過寫作的語言作各種不同形式的呈現。寫作教學應著重在參與寫作活動的過程中，開發學生創造思考的能力，培養學生審美情意與審美能力，以及對藝術文化的認識及參與。（林柔蘭，2003：1-2）而這透過橋梁書的中介，可以充分的取得。

　　現在坊間的出版社，陸陸續續推出橋樑書，依孩子的階段性作考量，以孩童的生活經驗為資源，依據孩童所發展出來的特質來發展橋樑書。但是坊間橋樑書的出版，不一定適合所有的孩子。教學者其實可以從孩子的生活周遭的讀物、作品中取材，以橋樑書的階段性閱讀概念，進行多元文類的選擇。寫作活動能有效提升兒童的學習興趣，並獲得良好的學習效果，透過寫作的語言作各種不同形式的呈現。寫作教學進入語文領域中，學生參與寫作的討論，對學生在語文方面的表現有強化作用。以寫作的形式來

詮釋教材，學生可參與教材的改編，並將橋樑書以多元的寫作方式來呈現故事情節。新橋樑書的教材來源多元化，選編教材時要使內容能夠生動活潑，並依孩子的學習情況，符合學生的生活經驗。

　　教師將橋樑書帶入寫作中，藉寫作的發展與討論，讓學生更了解該教材的內容。由於所選擇的教材貼近兒童的生活經驗，並且讓學生能有感同身受、回味無窮的意境，所以除了提升其文學能力外，藉由寫作的討論，教師提供充分的情境練習機會，也提升學生說話運用的能力。寫作能夠帶給學生不同的生活經驗，在課程中融入寫作活動，課堂的學習呈現活潑、輕鬆，充分發揮學生的創意，達到教學與學習的效果，讓寫作結合橋樑書來發揮更大的效用。

　　語文的學習是所有學習的基礎，如果能將語文的根基紮穩，那麼對於其他科目的學習就會顯得容易多了，而且也會有更好的成效。閱讀的教學以課本內容為主，課外閱讀的補充教材為輔，學生在學習中除了對課本的內容加深印象，也可以獲得更多的相關知識。閱讀並不一定要從紙面文本中獲得新知，視聽文本、網路文本、藝術動靜態文本也可以讓學生從學習中獲得有益的知識。我在第四章第二節中所編纂的橋樑書以海洋教育為主題，並搭配多種文本為補充教材，學生透過多種文本的學習，加深對海洋生態的認識，體會生命的重要。文本中菁華的地方，倘若能以故事的方式討論，將能達到強化寫作教學的目的。例如繪本故事《沙灘上的琴聲》（鄭清文，2004）文中提到，為了尋找會奏鳴的白色沙灘，白鯨們老老少少，千里迢迢由北到南，展開旅程。皇天不負苦心人，牠們終於找到了，卻發現白沙已經遭受到污染，

使得聲音不再優美。牠們同心協力、前仆後繼，洗淨白沙，終於讓悠揚的琴聲再現，然而這是白鯨們用生命換來的（詳見第四章第二節）。這類的教材適合在環境教育及生命教育作教學。在《珊瑚悲歌》動畫影片中，珊瑚礁區原來美麗如花園的景況生變了，不知從何而來的沙土一波波的如雪花般飄落，珊瑚們被嗆得快不能呼吸了，小丑魚得不停地煽動魚鰭清除珊瑚身上的落土（詳見第四章第二節）。學生在看完動畫影片後，了解到因人類的無窮慾望破壞了珊瑚礁區的生態，應該學會愛護海洋、保護海洋，並能體會海洋教育的重要。

在文中屬於空白或斷裂的部分，可以使用補充教材來填補及銜接，增加學習的趣味性。也就是說，可以向學生介紹海洋生物博物館的建築特色、各個主題館，以及向學生說明舉辦漂流木國際藝術節的緣由。另外，在文中只提到飛魚、金線魚、蝶魚、小丑魚、鯨魚以及海豚這些生物，都可以將牠們納入上課的教材中，並說明牠們的特性，讓學生能夠多認識海洋中的生物。在第四章第三節中以環境教育為主題所編纂的橋樑書，雖然將它結合敘事文體來呈現，但是這套橋樑書還可以用故事的方式來演出。故事是透過聲音來敘述故事，沒有背景，當然也不需要道具，只要透過聲情的表演來達到故事的效果，並要能夠吸引聽眾。以敘事文體文中的內容為基本，結合其他文本的角色讓學生作即興表演，在背景方面集合學生的創意，來完成黑板彩色的圖畫。學生在演出的同時，不僅得到了表演的樂趣，也獲得新的知識，學習了說話和寫作的技巧。

在規畫教學活動時，尤其是在閱讀課程。首要的任務是引發學童的學習興趣，讓他們能夠主動閱讀、樂在閱讀，當學童已經

有正確的閱讀習慣，而且也熱愛閱讀時，他以後就會自己主動閱讀，然後從閱讀中學習新的知識。（鄭揚達，2010：133-134）潘麗珠指出：閱讀最重要的目的不在枝節，而在讓學生喜歡閱讀、主動閱讀，才有可能使學生熟悉閱讀策略，掌握閱讀技巧，因此講究閱讀教學的活動設計以引發學生的興趣有其必要性。（潘麗珠，2004：20）

　　鄭揚達提出，教師希望學生能夠建立起閱讀習慣，就必須要有相關的準備，首先自己要主動閱讀，積極的規畫閱讀活動，將閱讀生活化、簡易化、多元化、深廣化。（鄭揚達，2010：133-134）在閱讀生活化方面，閱讀的題材可以從孩子生活周遭開始著手，孩子在閱讀過程中，可以連結自己的親身經驗，不但可以使學童更有動力閱讀，他們在發表時更能將經驗與閱讀內容結合，成為新的知識產物。閱讀的理解和孩子的生活經驗密切相關，唯有契合孩子的讀物內容，才容易被孩子所吸收以及接納，進而建立在自己的知識庫中加以應用。（蔡玲等，2004：24）例如在作〈沙灘上的琴聲〉文本教學時，可以將從編纂的橋樑書《快樂腳》、《珊瑚悲歌》中，有關環境被破壞的內容帶進教學活動中，因人為的因素使得環境遭受破壞影響海洋及海岸的生態；《珊瑚悲歌》是動畫影片，有別於紙面文本，透過不同文本的教學，更能吸引學生學習的興趣，讓學生從中體會愛護環境、保護海洋生態，自己也是其中的一份子（詳見第四章第三節）。

　　在閱讀簡易化方面，閱讀是學校極力推動的學習活動，快樂閱讀也是訴求之一。（鄭揚達，2010：135-136）閱讀教學除了閱讀討論課程之外，延伸的學習活動也需要教學設計。有研究者發

現，學童有排斥學習單的心理，尤其是制式化的讀書心得報告；學童喜歡閱讀，但卻不願意寫讀書心得。為了兼顧閱讀興趣與語文能力的培養，延伸課程必須要設計得有趣，具有新奇及挑戰性。（呂玉如，2008：91-92）學生對於學習單會有排斥的現象，教師可以用討論及口頭發表的方式，然後從中去觀察學生的學習情形。但是如果只是口頭發表，有些學生就會顯得不在意，這是教師在選擇補充教材時，要以有趣、活潑的內容來吸引學生閱讀，才能達到學習的效果。在閱讀多元化方面，閱讀材料是多元的。在「閱讀教學的選材依據」方面，可以放寬視野而有「制式的選材依據」、「非制式的選材依據」、「另類的選材依據」等幾種情況來考量設定。「非制式的選材」可以不受部頒的課程綱要的限定，但它仍需要符合典範或典律的約定要求。換句話說，非制式教材要進入一個更大的範圍，而這個範圍則有特定社群或歷史性的生活團體所公認的典籍為「指標性」的選擇對象。（周慶華，2007：53-55）茲將閱讀教學的選材分類圖示如下：

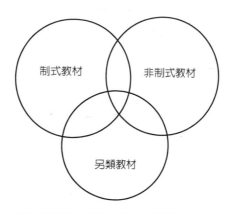

圖 5-3-1　教材分類圖（資料來源：周慶華，2007a:56）

　　閱讀材料只要是適合符合學生的需求，都可以拿來作為教學活動的補充教材。現在各校圖書室都有很多種類的書，學生能夠涉獵的書籍呈現多元化，有些學生喜愛文學類的書，有些則偏愛科普類的書籍。語文是所有學習領域的基礎，不管學生所閱讀的是文學類、科普類，或是其他類別的書籍，他都必須去理解書中的文字敘述，透過文字敘述才能了解書中的含意。在我服務的學校，學區為原住民部落，小朋友特別偏愛科普類的書，尤其是昆蟲及科學實驗方面的書籍，除了學習到文字以外，他們甚至還會到教室以外的校園尋找、觀察他們在書中看到的昆蟲及周遭的環境。另外，閱讀材料多元化也可以引起學生主動學習。我在第四章各節所編纂的橋樑書，都是以一個主題為基本，結合各種不同的文本，增加學習的興趣，學生對學習產生了興趣，如此才能提升學習的效果。

　　在閱讀深廣化方面，課外閱讀應與課內閱讀教學互相緊密結合，教師在選擇補充教材時，倘若能掌握孩子現階段的閱讀教學重點，與課文學習相連結，這樣比較能幫助學生產生自動化學習遷移的效果。（邢小萍，2008：34）教師在規畫閱讀補充教材時，應以課本的內容作為基礎的教學，然後再選擇和課文相關的文章或文本作為補充的教材。因為單一文本會讓學生感覺比較乏味，不同的文本更能提升學生學習的興趣，學生除了可以獲得課本的知識以外，還能夠獲得更多和課文相關的課外知識。在〈沙灘上的琴聲〉文本中，透過這些鯨魚的對話，學生對海豚、鯨魚的習性、體型都只能用想像的，在課堂中教師可以放映《海豚的圈圈》紀錄片，學生可以從影片中觀賞鯨魚、海豚以及鯨豚成群躍動於海面，優雅、敏捷、柔軟的美麗姿態，讓學生對海豚、鯨魚、鯨

豚的特性與異同能有更多的了解，也能從中獲得更多鯨、豚相關的知識。透過這樣的學習，讓學生更懂得愛護大自然的生物，學習保護海洋生態、尊重生命。

　　寫作教學從橋樑書中借鏡與更事發揮的雙重取鏡，乃在於學生寫作可以從橋樑書中的空白和斷裂處去發揮想像力以為填補和銜接，以及從橋樑書的菁華去闡揚以為增強判斷力，合而在教學上取得最好的效果。我們知道：九年一貫的教育改革，從一元到多元，從僵化到彈性化，有很大的改變。近年來，國內外語文教育界有一個運動——以文學作品作為語文教學基礎的教學活動，提倡選編現有的兒童文學作品作為語文教材，使教材生動活潑。（林武憲，2004：164）寫作教學進入語文領域中，學生參與寫作題材的表演，對學生在語文方面的表現有強化作用。以寫作的形式來詮釋教材，學生可參與教材的改編，並將橋樑書以多元的寫作方式來呈現故事情節。為了提升學生的語文能力，有必要將橋樑書與寫作結合，並運用於寫作教學上，達到從閱讀到寫作的教學目標，以及在寫作教學的精取上有雙重的取鏡效果。因為藉由寫作教學的方式，可以讓教師在進行寫作教學時，激發出學生更多的想像空間和創意。教學者從孩子生活周遭的讀物、作品中取材，把從「橋樑書」發展到「新橋樑書」的故事帶入寫作中，就可以將寫作教學融入語文領域，並且讓學生透過童詩創作、故事文體、敘事文體、說明文體等方式來寫作，配合故事的表演與討論，讓學習者因參與寫作活動而喜愛閱讀，並且能夠提升自我的表現。因此，藉由故事的討論，提升了學生寫作的能力，也達到了教導與學習的效果。

第六章　橋樑書與寫作教學的 具體作法

第一節　維持新橋樑書基本的「動態」運作

　　兒童在不同年齡層有不同的認知與發展，童書出版社依據心中的理想讀者——兒童的發展，在寫作或出版前就已勾勒出一個「理想兒童」的閱讀進程。以目前童書出版的出版品為例，多數會依照閱讀年齡來規畫書系，從學齡前 0～3 歲、幼稚園、國小低年級、中年級、高年級、國中到高中。可見童書出版社從一開始就已根據兒童不同年齡層的發展，企畫或書寫出和「隱含讀者」能力相對應的內容。近幾年來受歡迎的「橋樑書」，因為考慮到「隱含讀者」為低、中年級的孩童，因此提供給低、中年級閱讀的書籍，也減少圖像比例。相對於圖畫書，更是加多內文的總字數，比起圖畫書的圖多文少的比例，更改為圖文各半的比例，貼心的為即將從圖像閱讀轉為文字閱讀的兒童，給予一段時間適應文字增多的閱讀模式，也讓閱讀變得較為輕鬆。（陳玉金，2008）

　　閱讀習慣的養成，是一點一滴培養、累積的結果。因此，「循序漸進」就顯得相當重要了。孩子還小的時候，陪讀或朗讀可以增進親子關係；孩子進入「過渡」的閱讀期，父母引導孩子閱讀

的策略及配備也必須升級；透過圖文並茂的橋樑書，讓孩子開始接受字較多、圖畫較少、篇章較長的故事。有趣、適齡的橋樑書，是引導孩子再度進入書香世界的最佳媒介。有趣的書籍讓孩子得到閱讀的滿足感，對孩子也會產生吸引力。不同年齡的孩子，因為詞彙與認知能力不同，適合的橋樑書也有難易的分別。（范郁玟，2009：41）

　　「橋樑書」是西方國家閱讀分級系統中的「章節書」，它的功能設定在「由圖畫書的少字多圖」漸進到「純文字的青少年文學」、「中介的插圖書」或「篇章較短，故事結構較清晰的簡易兒童文學」，也就是由繪本過渡到文字書的銜接書籍。在臺灣，橋樑書的發展，目前都是由出版社主導，直接翻譯國外經典的橋樑書，或邀約本土作家創作的模式，但後者正在起步，量不多。在繪本尚未普遍進入校園之前，中華兒童叢書已在校園圖書館或教室中，藏書量豐富，編輯內容紮實，讓所有的孩子都可人手一本，實施班級共讀的兒童讀物。中華兒童叢書是臺灣省政府教育廳為輔導學生課外活動，培養學生閱讀興趣，特別設立兒童讀物編輯小組，負責編印適合各年級學童閱讀的書籍，以供應國小學生閱讀的讀物。臺灣省政府教育廳編印的中華兒童叢書，一向內容豐富，圖文並茂，包括有文學、科學、健康、藝術等四大類。（曾麗珍，2009：55-56）

　　坊間出版社所指的「橋樑書」，是指由繪本過渡到文字書的銜接書籍，它的文字量與難度高於繪本，又經過特別設計，能使孩子讀起來不覺得吃力或沒興趣。在書籍的設計上，字體較大，文字量比圖畫書多，圖畫比圖畫書少；內容為生活題材；文體多元

化，有別於其他書籍的設計。（陳玉金，2007：32-35）又依據孩子的生活經驗，陸陸續續推出適合學生閱讀的「橋樑書」，依孩子的年齡，編製適合閱讀的書籍，讓孩子閱讀起來不會覺得有負擔或感覺乏味。但是所出版的書籍，並不一定符合所有孩子的需要。制式的教材無法全面顧及所有孩子的需求以及生活經驗。坊間的橋樑書以文類為依據，「新橋樑書」優於「舊橋樑書」是因為它不再是由一個出版社來編輯書籍，它可能是專書，可能是單篇文章或是影像，也有可能是聲音，它不再只是一個紙本的橋樑書型態；它可以是靜態的文本，也可以是動態的文本。教材來源多樣化，學生透過多種教材來學習，在有趣的氛圍中，將有助於學習者提升學習動機。以往橋樑書是由出版社編製而成書，教材的編製不管是使用何種文本，在選材時要選擇適合學生的特質，符合他們的生活經驗，依學生的階段性作考量，並透過不同的戲劇方式呈現，提升學習動機，獲得良好的學習成果。「新橋樑書」可以由教師編製，家長、學生可以參與，同事之間也可以組成一個團隊來編輯新橋樑書的教材，如此所編製出來的教材大家都可拿來使用，並分享大家的經驗。在這樣的教學下，不僅可以提升班級的閱讀成效，也可以將整個學校的閱讀力提升。新橋樑書結合寫作、閱讀、說話教學，它的編輯依據跨文類、跨學科、跨學派、跨文化型態，結合主題或議題，可以取用的教材來源多樣化，比舊橋樑書更適合教學。教師倘若要作生命教育議題的教學，除了可以從書本中找到想要的資料，有時網路上也會有相關的資訊，另外也可以從視聽教材中取得。參與編輯者不受限制，文本的選擇多樣化，提高了學生的學習興趣，教學效果將會顯著的提升。以上

這種全新的作法，是取新橋樑書的方便性而可能的。換句話說，所以要從舊橋樑書過渡到新橋樑書，就是以它的藉便性為優先考量。

在這裡所說的「橋樑書」，並非單指一般坊間出版社所出版的舊橋樑書，而是指新橋樑書。所謂「新橋樑書」，並不一定是一本本的書，沒有書的形式的限定，它不一定是平面媒體。（曾麗珍，2009：56-57）「新橋樑書」涵蓋多種文類，舉凡紙面文本、視聽文本、網路上的資源，以及藝術動、靜態文本都可當作教材資源。目前出版社出版的橋樑書雖然有部分是翻譯自國外的橋樑書，但臺灣目前本土創作的也不少，而且能夠貼近兒童的生活經驗，教學者可以先理解這些橋樑書的內涵，結合孩子的生活經驗將它們妥善的運用在教學活動中。紙面文本的取得非常容易，孩子的識字量夠多，學習起來非常方便。目前視聽教材普遍，而且兼具聲光、視覺效果，孩子學習起來興趣加倍，更能加強學習的效果。而現今網路發達，網路資源更加豐富，教學者要慎選適宜兒童學習的教材來編製教學活動，達到學生學習的目標。藝術可以結合聲音、圖形、動畫、文字成為多媒體動態或靜態的文本，產生了新文類。新橋樑書的編輯方式透過紙面文本、視聽文本、網路文本以及藝術動、靜態文本等多方面呈現，使教材的發展更靈活，課程更細緻有趣。

「新橋樑書」的教材來源多元化，只要是適合的教材都可以拿來當作教學資源。「新橋樑書」和寫作各有其特性，彼此能相輔相成，運用得宜，會達到良好的效果。教師的教學、學生的學習，都是為了讓學生獲得知識。但是如果學習環境讓學生覺得太沉悶，學習將會有反效果。使用寫作學習，輔助學生達到語言學習

的目的。教師可將橋樑書的故事帶入寫作中，藉戲劇的發展與討論，讓學生更了解該故事的內容。傳統的教學是老師說什麼學生就得接受；現在的教學呈現多元化，取代了單向灌輸的方式，以學生為主體，師生共同參與，增加教學的趣味性，提高學生學習的興趣，達到教學的目標。

　　「新橋樑書」以文類、學科、學派以及文化型態來作為編輯的依據，並以主題或議題的方式呈現。九年一貫課程以學生為主體，以學生的生活經驗為重心，新課程強調學生的學習除了包含學科知識與技能之外，也要能充分反映當前社會重要的關注議題。將新橋樑書與各大議題作結合，編製適合學生學習的教材。教育部在 2003 年九年一貫課程綱要中融入資訊、家政、環境、人權、性別平等以及生涯發展等六大議題，並於 2008 年新修訂且於 100 學年度實施的課程綱要中，再加入海洋教育議題，培養學生成為具備人本情懷、統整能力、民主素養、鄉土與國際意識，以及能進行終身學習的健全國民。「新橋樑書」的定義很廣，沒有什麼限制，周遭生活中只要是適合學生閱讀的讀物或良好的作品，都可以是橋樑書；學生對教材有多元的選擇，如此可以使學生的學習興趣提高。教師以學生的生活經驗為教材資源，再依據學生所發展出來的特質，以及教師本身具備的專才來編製「新橋樑書」教材。「新橋樑書」的特性有：增加閱讀量、擴充經驗、彌補制式教材的不足。有研究指出，小學四年級以前為學習閱讀（learning to read），閱讀成為一種工具性技能，數學、自然科學、社會科學等科目的學習都以閱讀為基礎。個人在日常生活中，舉凡讀報紙、讀廣告單、讀物品的使用說明……等，在在都需要閱

讀能力。（馬行誼等，2008：221-4）兒童在進入學校正式學習前，已經從日常生活中累積不少語文的資源，而且能夠講出完整流暢的句子。很多小孩子在幼兒階段已經認得很多字，這些是從生活中的交談、看電視、透過親子閱讀，聽故事以及辨認路名、認識招牌得來的。但是有些學生由於閱讀刺激不夠，認得或會寫的字不夠多，看起書來就缺乏耐性、感覺吃力，以至於興趣缺缺。部分學生認字不深，寫習作或作文碰到不會寫的字時會直接寫出注音來代替國字，因為他想不出國字怎麼寫，甚至有些小朋友連字典都懶得查了。這些學生因為缺乏閱讀，考試時或平常的作業中，倘若遇到文字敘述性的題目，就會覺得很困擾，對題意總是一知半解，甚至有些人根本連題目都看不懂。因此，對任何人而言閱讀是相當重要的事，對學生來說當然也是如此了。當學生的閱讀量增加了，識字量就會相對的提高，認識的語詞和成語也會增多，更學會了將語詞或成語運用於句子或文章中。在這樣的情況下，學生的語文能力自然而然就提升了。當學生提升了語文能力，進而影響他的數理推理能力，養成愛閱讀的好習慣。所以「橋樑書」除了能夠引起孩子養成獨立閱讀的興趣，甚至可以建立自我閱讀的信心。由於教材的來源不受限制，具有多種選擇性，增加新鮮感與趣味性，吸引孩子快樂的參與，這樣學習起來才能有正面的效果。

　　「新橋樑書」是經過教學者再三咀嚼過、與作者相應，抽取其創作精隨，引導孩子深入語文園地的心靈教學工程。每一篇是值得一讀再讀的文章，在討論時很快的就能引領孩子進入彼此的生命世界，喚醒孩子內在的情感。它的辭彙難易、字數多寡，或許有階段性上的區分，但在內涵上它是大人、小孩都值得閱讀的

篇章。它善用「圖像」與「文字」不同媒介的特質，給予不同階段的孩子適切的閱讀材料，不偏廢於任何一方，圖像與文字兼用，適切的搭配，讓影像媒介與文字媒介能適時並存，相輔相成，引導孩子藉由各種感官知能獲得全觀世界的能力。（曾麗珍，2009：56-61）

　　新橋樑書的編選原則是要和出版界翻譯的橋樑書相對應的：目前出版界出版的橋樑書大多是翻譯自國外的經典橋樑書，有它一定的品質，所以教學者本身要先去認識這些橋樑書的內涵，然後再去善用、搭配這些橋樑書，才能更加豐富新橋樑書的內容和功用。橋樑書具有主動性、社會性、普遍性：橋樑書的階段性閱讀概念不限定老師對於學生所帶領的教學活動，教師要把概念轉而活化在學生身上。橋樑書不單指學校課堂內的事，家庭閱讀需要橋樑書，社會成人學習也需要橋樑書，橋樑書的功能是使它接續不斷。而新橋樑書以各類作品為試驗教學體，概念架構以文類的適宜閱讀年齡而區分階段，且要達到橋樑書的概念功能，所以在選材上還要掌控文本難易的各階段比例。新橋樑書的設計理念，要參照符合閱讀教學的理念，才算是一個有效的教學設計。（曾麗珍，2009：56-61）

　　以往大家對橋樑書的看法是，橋樑書是由繪本過渡到文字書的銜接書籍。現在坊間的出版社，陸陸續續推出橋樑書，依孩子的階段性作考量，以孩童的生活經驗為資源，依據孩童所發展出來的特質來發展橋樑書。但是坊間橋樑書的出版，不一定適合所有的孩子。教學者其實可以從孩子的生活周遭的讀物、作品中取材，以橋樑書的階段性閱讀概念，進行多元文類的選擇。寫作活動能有效提升兒童的學習興趣，並獲得良好的學習效果，透過寫

作的語言作各種不同形式的呈現。寫作教學進入語文領域中，學生參與寫作的討論，對學生在語文方面的表現有強化作用。以寫作的形式來詮釋教材，學生可參與教材的改編，並將橋樑書以多元的寫作方式來呈現故事情節。新橋樑書的教材來源多元化，選編教材時要使內容能夠生動活潑，並依孩子的學習情況，符合學生的生活經驗。教師將橋樑書的故事帶入寫作中，藉寫作的發展與討論，讓學生更了解該故事的內容。選擇的教材貼近兒童的生活經驗，並且讓學生能有感同身受、回味無窮的意境，除了提升其文學能力外，也藉由寫作的練習，教師提供充分的情境練習機會，來提升學生說話運用的能力。寫作能夠帶給學生不同的生活經驗，在課程中融入寫作活動，課堂的學習呈現活潑、輕鬆，充分發揮學生的創意，達到教學與學習的效果。換句話說，在橋樑書和寫作教學的具體作法中，必須維持本研究所說的新橋樑書的「動態」運作，一切才能順當的進行而達到最高的教學效率。

第二節　尋找「斷裂」或「空白」處來進行「填補寫作」教學

在《教出寫作力》一書中提到寫作的四個關鍵能力，有敘述能力、描寫能力、說明能力、議論能力：

第一，是「敘述」的能力。比如我們今天訪談的工作結束後，如果是一個學生，你可以問他說：今天做了什麼事？它可以開始描述訪談的起因以及進行的過程。那個敘述的動作，就是他在反

省他的經驗，他要敘述他曾經做過的事，今天所發生的事情的來龍去脈。敘述的能力是基本的能力。

　　第二，是「描寫」的能力。他眼睛所看到的事物，耳朵所聽到的聲音，都可以說出很具體的東西，甚至是他的味覺或身體所感覺接觸到的東西，都要能夠說的出來，那是描寫能力。

　　第三，是「說明」的能力。這是較抽象的能力，譬如怎樣操作一部機器，一個藥品包含哪些成分，怎麼樣做一個實驗的過程，這些是說明的能力。

　　第四，是「議論」的能力，針對一個議題，是否同意這個觀點、或不同意這個觀點，原因是什麼，都是可以辯論的，而辯論就是議論的一種能力。（何琦瑜、吳毓珍主編，2008：72～73）

　　透過這四種能力，讓學習者組織生活與知識材料的關鍵能力，從自己的親身經驗或是講述別人的經歷，再對外在的對象所引發出來的感覺、細部描寫……等，學習者觀察愈明確，知識也就愈充實豐富。如此的教學與對話方式，雖然會激發學生的思考能力，讓寫作不再顯得無從下筆，但仍逃脫不出制式的窠臼。國內在寫作教學面臨傳統制式教學的瓶頸，而國外在寫作教學上所標榜的寫作方式也以多寫多閱讀為提升寫作的基本原則。

　　學習者的寫作能力應是各種文體都可以寫，所以教師的文類選擇與教學更應多樣且全面。藉由題材中的填補空白、連接斷裂、發揮菁華，可以發現寫作的題材是廣泛的，甚至可以因為不同的觀察視野擷取不同的片段來顯創意，所以故事可以改寫成多部且風格不同的文本。如說明文體〈大自然與我〉的教學活動設計中，將橋樑書與寫作實際結合來教學，透過文本的欣賞，發現文本中

的空白、斷裂、菁華處,再由小組改編,以填補空白、連接斷裂、發揮菁華三個方向擇一選取題材改編。而藉由各小組間的創作討論與分享,來實現寫作教學的活潑化作用,更能帶給學習者更深的體驗與創意,進而在文字創作上有所表現。

依據前章已談過的教學流程,在一整套的教學過程中,必須按部就班,讓學習者能確實掌握每一個細節。而相關的流程可以有四個教學活動進行的方向。本節所要討論的是由斷裂、空白處來進行填補寫作的教學,而菁華的部分則留待下一節進行討論。

教學活動一:討論什麼是「說明文體」。

教師提問!透過學生經過討論發表自己的意見,再經過老師總結說清楚。

教學活動二:討論橋樑書和說明文體該如何作結合,運用在寫作教學上,達到教學的效果。

教師說明:將學生分成三組,一組討論如何將文本間的空白處填補起來;兩組討論如何將文本間的斷裂處作銜接;空白、斷裂的意義已於故事文體教學中向學生說明。請學生以〈穿紅背心的野鴨〉文章為題材,該篇文章是從網站收尋到的,請學生討論並舉例說說看,空白、斷裂各在哪裡。

教學活動三:改寫文本討論演出。

步驟一:教師將以環境教育為主題所編纂的橋樑書,來和學生作說明。在這一套橋樑書中,有一部分已在故事文體教學活動中和學生提過,所以在此活動中省略不講,此外〈小海鸚鵡之夜〉單篇文本、《臺東鸞山森林博物館》讓我們對整個森林博物館的地理環境和生態以及住家附近的環境有所認識;《返家十萬里》影片

的觀賞讓學生體會家庭及生命的重要性;《快樂腳》影片觀賞,劇
情中偶爾出現在海平面上的大型鐵殼船,於是波波決定查明真
相,他要知道是什麼樣的生物帶走了大量的魚群;蘭陽博物館、
漂流木國際藝術創作展等,在在都在告訴我們環境對人類的重要
性。和學生說明完以後,採前一個活動的模式,再讓學生依照所
分的組別從各個文本中找出空白、斷裂的地方,結合成說明文體
的內容,讓學生來討論、修改。

步驟二:第一組:將斷裂的部分銜接起來。

例如在《快樂腳》影片中波波是一個天生的踢踏舞高手,每
次他高興踏著舞步的時候,總是被族中的長老們冷眼對待,更有
長老認為這是族裡漁獲減少的天譴之一。偶爾出現在海平面上的
大型鐵殼船,於是波波決定查明真相,他要知道是什麼樣的生物
帶走了大量的魚群,危害了他的族群。勇敢的波波死命地追逐著鐵
殼船,他一路吶喊著要求人類將食物還給企鵝,自己也處在危險的
環境。環境被破壞對所有的生物來說,都是很大的打擊。除了波波
為了環境被破壞而哭泣,其他企鵝也為環境被汙染而哭。例如在《穿
紅背心的野鴨》文本中,鎮上的人都很歡迎這批可愛的小客人,大
家都遠遠的觀賞,不敢去驚擾。在將近一千隻水鴨中,花鳧數目雖
然不多,卻是最美。花鳧是最美的?到底哪裡最美,文中並未說明
白;這個就是斷裂的地方,因為它沒有清楚的告訴我們哪裡最美。

第二組:將空白的部分填補起來。

例如我們戶外教學實際參觀過蘭陽博物館和雕塑作品,同學
可以將親眼看到的用說的方式傳達出來,同時也可以想像自己是
住在這麼漂亮的房裡。又例如在《穿紅背心的野鴨》文本中,神

槍手獨自潛入蘆葦中，找到最接近鴨群的位置，等了好幾個小時，才看到小唐緩緩游出鴨群，這時候神射手不慌不忙手動扳機，一槍射去，不偏不斜，正好射中小唐；小唐恢復了健康，小唐飛走的時候，身上穿著一件紅背心，那是一位老太太從別的城市寄來的。小唐在空中盤旋又盤旋，好像向全鎮的人說：「『謝謝！』然後飛遠了，只看到遠處一個小紅點兒」。這個好像向全鎮的人說謝謝，在文本中沒特別說明，但學生在閱讀完文本時，經過討論學生也可以很清楚的看出文本的空白處，作填補的動作。

活動四：檢討成效。

第三組表演的故事裡說：S：野鴨鎮是一個愛鳥的小鎮，每年到了冬天，各種候鳥都喜歡到這裡來過冬。經過這一次的表演還有討論，才知道原來我們都在破壞環境。S：雖然我們去過蘭陽博物館，也真的看過雕塑作品，可是第二組在說明時表情誇張、活潑，還有同學反應熱烈說出自己的所見所聞，真是熱鬧。S：第一組表演企鵝因為環境被破壞而哭，表演出來的動作很好玩。

在第二節中已針對文章空白、斷裂處作了詳細的分析及說明，於本節環境教〈大自然與我〉單元寫作中，要將親身的體驗實際的寫出；再從文章中找出空白、斷裂的地方。因為寫作教學無疑是希望學習者透過教學活動後，能寫出各種文類或各種文體，所以將體驗活動取材以填補空白、銜接斷裂為主的方式進行心得寫作的教學活動。

以我個人教學為例，班上有 10 人（編碼則採用班級學生座號：S 代表學生；序號代表作號），鶯山森林博物館之旅小布農的話。以下是學生個人的作品：

S5 的作品：

太陽緩緩的升起，照亮了美麗的高山，每一種動物也慢慢
起床了。我們來到高山上，可以聞到新鮮的空氣，聽到河
水流動的聲音，看到小鳥樹上嘰嘰喳喳的唱歌，這一切讓
高山的氣氛越來越快樂。阿力曼叔叔說：我們原住民以前
常以石頭樹木作為地標，畫分土地的勢力範圍，後來發現
白榕樹這種樹長得高，非常好辨認，但是它的位置一直在
移動，分不出土地歸誰，所以稱它是會走路的樹。

S4 的作品：

這兩天一夜的活動，讓我學到許多布農族傳統屋的故事。
為什麼要種那棵樹？為什麼要分媽媽屋？阿力曼老師說：
「這些都是我們布農族人應該要知道的。」老師還說我們
布農族以前不像現在一樣吃炸類的食物，早期他們是吃簡
簡單單的菜，雖然很簡單的菜，但是很好吃吃了又想再吃。
這次兩天一夜之旅，讓我感覺到布農族傳統的重要，我要
謝謝阿力曼老師的帶領。

S3 的作品：

這個禮拜四，和全校同學一起參加生命教育課程，地點來
到了臺東鸞山森林博物館。這次是一個很特別的經驗，由
布農族的嚮導阿力曼帶領我們。在這片純天然的森林裡漫
遊。我們遇到了不可思議的奇景「會走路的樹」，因為榕樹

群的榕樹盤根錯節，枝幹相連，而形成了令人讚嘆的自然奇景，好似集結的力量，足以保護這片土地森林，宣示著不可動搖的神力，讓人感覺漫步在這片森林裡就是一件很神聖的事情。這裡沒有電視，沒有現代化的設備，有的只是大自然給予的禮物。這座博物館，大到走也走不完。原本它要被財團買下開發，幸好阿力曼搶下來保留下這片大自然，也保留住我們布農族的文化。來到媽媽的家茅草屋時，一個遮風避雨的地方，這個屋子流傳著布農族的故事。阿力曼老師告訴我們，媽媽屋左右兩側的石灶就像母親溫柔的懷抱，讓孩子躲在她的臂膀裡，屋內的穀倉就像母親的子宮。他還說了好多布農族的傳統，讓我收穫不少。而沒有攀爬經驗的我，當看到要爬過那座高大的樹時，心裡想著沒辦法呀！沒想到我還是超厲害的，就像小螞蟻一樣慢慢的攀爬在這片藤蔓森林裡，爬到高處才真正感到這片森林的美。我覺得這次生命教育課程，讓我收穫很多，除了認識布農族的傳統，也見識到大自然的神奇力量，大家要愛惜大自然，不要任意破壞。因為大自然不怕天災，只怕人禍。再美的地方，不保護它就永遠都欣賞不到了。

S2 的作品：

今天要去森林博物館，我的心裡非常興奮和期待。雖然我和姊姊有點懂得森林博物館的文化，但是並沒有更深入的了解過，所以我們來的目的，就是要認真學習原住民的文

化，生活和歷史讓我們回去不是頭腦空空，而是收穫滿滿。我們到了會走路的樹那裡，看到最大棵的雀榕，更往裡面走時，又看到許多白榕樹，它們的樹枝很長，又長得很奇怪。終於到了森林博物館了，我們先分配房間，之後，就拿著碗筷急急忙忙的跑到廚房品嘗布農族的料理。看到大家吃得津津有味，我的心情很快樂。休息過後，就開始走進森林銀行了。首先，我們先祭拜祖靈向山神打招呼，後來我們走進去了爬樹，聽到很多關於布農族的傳統文化。一會兒，我們走出來了，就分配工作。營火晚會開始時，我們唱了很多的布農族傳統歌謠，也一起報戰功，然後就隨興表演。嘉龍表演一首歌，令人刮目看！那種精采的場面，簡直駭到不行。完畢之後，就是夜間觀察，我們看到很多蛇和青蛙。最後回屋子睡覺時，還要安排守衛家園的人。第二天一大早，我們全都在做早餐，吃完後開始認識森林博物館的野菜，然後一起種樹，將兩天的回憶奉獻給這棵小樹。而打麻糬是一件令人開心的事情。最後就一個一個過火驅趕惡靈，祈求神明的保佑迎接新生命的到來。這兩天一夜的鸞山生態之旅，終於結束了它可以說是讓我印象最深刻的一件事。因為他們說：「森林博物館沒有門，門在你們的心裡。」我很感謝我的姑丈阿力曼，也很感謝我的姑姑，將森林整理得很好，讓很多動物可以生存在這裡，我覺得這次的鸞山生態之旅，真是令人回味無窮啊！

S1 的作品：

> 我要感謝所有老師帶領我們參加這次的活動，讓我知道原
> 來鸞山有森林博物館，還有阿力曼這個人。我的心裡對阿
> 力曼充滿了感謝，謝謝你建造了森林博物館，我在裡面學
> 了許多有關布農族的文化和大自然的奧秘。我長大以後。
> 也要像阿力曼一樣，自己蓋一座森林博物館。阿力曼是很
> 偉大的人，我很喜歡你用竹子做的床；我從小到大看過許
> 多地方，但是你蓋的森林博物館是最安靜最漂亮的地方。

S7 的作品：

> 當我們進入森林時，覺得非常驚訝！原來以前的森林是如
> 此美麗乾淨，可是現在的森林被過度開發，要再看到這樣
> 一個美麗的原始森林，根本就是難上加難。所以阿力曼叔
> 叔才會如此賣力的保護這片森林。在鸞山森林裡兩天，真
> 的學到不少東西，像是如何生火，如何煮東西，如何就地
> 取材；而體驗沒電的晚上，聽植物的故事和爬樹，是活動
> 中最有趣的事。希望大家一起保護森林讓我們每天可以呼
> 吸到新鮮的空氣。

S8 的作品：

> 唉！美好的時光總是如此短暫啊！我好喜歡這次的生命教
> 育活動，讓我知道我們布農族是多麼奇特多麼堅強。經過
> 這次體驗，讓我了解到人在福中不知福這句話的意思。我

覺得鸞山森林博物館真的美得如詩如畫，我要謝謝阿力曼
老師，讓我知道我們祖先留下的土地要好好珍惜！要不然
會後悔而且也會讓布農族的文化漸漸消失不見，阿力曼老
師，真的謝謝你，懂得布農族文化的寶貴。

S9 的作品：

阿力曼老師帶我們在鸞山森林博物館做活動，做了這些活
動以後，我覺得這裡好像是我們布農族的老家一樣，也覺
得好像回到以前布農族的家，來到原始森林！因為在夜間
生態觀察的時候，有看到莫氏樹蛙、紅蛇、青竹絲、雨傘
節，好多好多的動物。我覺得鸞山森林博物館這個地方是
個環境優美，衛生很好的地方，而且房間和洗澡間都用竹
子做的，特別有味道；到房間要上用泥土做的階梯，又剛
好可以鍛鍊身體。所以我喜歡在休息的時候上上下下跑來
跑去，累了就到房間休息一下，直到有人喊集合了，我才
跑下去。

S10 的作品：

我覺得阿力曼老師是我們布農族的財富，希望布農族的弟
兄姊妹們要像阿力曼勇士一樣健壯，又懂得布農族文化與
森林的傳說。錦屏國小學生要向阿力曼勇士學習。他是一
個能掌握山與人之間故事的人，而阿力曼勇士一樣有自己
的故事。阿力曼勇士是一個天不怕地不怕的男人，他常說
布農族男人坐下和站著一樣高，當我第一次當 la via 時，

好緊張喔？但是我還是要像阿力曼一樣當個勇士，我可以慢慢學會的。阿力曼勇士跟大家不一樣，他有兇猛的開山刀，如果有動物要傷害他，只要有開山刀在，大家不用怕。不管布農族的傳說是真是假，等到我長大以後一定要去找長老們問一問，希望山變得更美麗。

　　整個活動結束，小朋友寫出了自己的想法和感動。作品中提到是人類的破壞，影響了鳥類的生活；還有小朋友提到阿力曼開始保護森林愛護自然，如何保護如何愛護，也沒有特別提出是如何破壞，這是文章中空白處，必須指導學生如何填補；又文本中提到會走路的樹、布農傳統文化及山中的勇士等，在文章中沒有特別說明，這是文章中斷裂的部分，指導學生將斷裂的部分銜接起來。一篇好的文章不一定要有華美的詞藻堆砌，真實的感情是更重要的。如果學生都能寫了幾句話就靈機一動，在寫作時沒有寫不出來的痛苦，表示就有足夠的創意。

　　Finn 認為寫作是一種藝術創造，既需熱情，又需訓練。（引自林建平，1989：29）譚達士（1975）認為，寫作是用文字將思想表達出來的過程，每人的思想不盡相同，所以文字表達內容也不一致。寫作本身就是一種創造，但是兒童缺乏生活經驗的累積，如果只是把事件平鋪直敘的寫下來，容易陷入陳腔濫調的窠臼。因此，正確的寫作教學，應該從引導兒童的思路著手，儘量輔導他們發揮潛存的想像力。（林亨泰、彭震球，1978：12）經過這次的課程，學生對於寫作的概念越來越清楚。當老師唸出文章，大部分的同學都能分辨空白、斷裂及菁華段，也能欣賞別人的想法。在文字的運用上，有時候有些敘述句不夠簡潔，或是用了太

多的對話造成情節的敘述不夠清楚，但是都能掌握寫作技巧，我
想再經過多次的練習一定會有更多的進步。

第三節　就「特殊」或「精采」片段來從事「強寫作」教學

　　將寫作活動運用在教學上，最主要的目標是要藉著學生參與
及討論創作經驗，進而在寫作時能將活動參與過程及體驗轉換成
文字創作的靈感與經驗，增進也刺激學習者在文字寫作上的創
意。所以童詩欣賞活動融入寫作教學，只是藉由內容與形式來增
進學習者的反應。同時，也必須藉由學習者本身的語言表達來呈
現，以致更能刺激學習者的思考進而達到提升寫作能力的教學目
標，並且由故事來豐富學習者的心靈與思考。

　　如將童詩與寫作實際結合來教學，透過童詩的欣賞，發現童
詩中的空白、斷裂與菁華處，再由小組改編，以填補空白、銜接
斷裂、延伸發揮菁華等三個方向擇一選取題材改編成討論。藉由
各小組間的創作討論與分享，來實現寫作教學的活潑化作用，更
能帶給學習者更深的體驗與創意，進而在文字創作上有所表現。

　　依據前章已談過的教學流程，在一整套的教學過程中，必須
按部就班，讓學習者能確實掌握每一個細節。由於填補空白和銜
接斷裂的寫作教學，前節已經談過了，本節就專談延伸發揮菁華
的部分。這一部分，相關的寫作教學流程也可以有四個教學活動
進行的方向：

教學活動一：童詩欣賞。

步驟一：童詩欣賞。老師拿出網路上收集童詩資料，唸一唸〈我愛青蛙呱呱呱〉、〈公雞生蛋〉這兩首詩，再請學生看看繪圖的設計，是不是和圖畫一樣生動活潑、幽默有趣！透過教學者所選定的童詩作深入欣賞，學習者以小組為單位共同欣賞，並且在欣賞童詩的同時要設法從詩中取材。汲取的方向，就是童詩中的「菁華」。

步驟二：請學生說一說聽完這兩首童詩有什麼特別的感覺？

教學活動二：討論橋樑書和童詩該如何作結合，運用在寫作教學上，達到寫作教學的效果。

步驟一：教師說明：將學生分成三組，每一組討論發揮各文本間的菁華。菁華的意義已於寫作教學中向學生說明。請學生以〈公雞生蛋〉童詩為題材，該篇童詩是從臺灣文學作家系列網站收尋到的，請學生討論並舉例說說看，菁華處各在哪裡。

步驟二：再請學生以〈我愛青蛙呱呱呱〉童詩為題材，這篇童詩是從臺灣文學作家系列網站收尋到的，請學生討論並舉例說說看，菁華處各在哪裡。

教學活動三：畫上紙上的音符。

步驟一：分給學生一人一張裁切好的圖畫紙，請學生在黑板上儘量畫出不同形態的線（長、短、直、曲、起角、粗、幼……）請學生說說各種線條給人的感覺是怎樣的，並記下詞語。（例如 ◎→眩暈；〰〰→柔和；刺激……，

步驟二：接著播放音樂（數秒），學生嘗試用線條表達對音樂的感覺。用線條隨意的將畫紙分為數份：例如 ▧，一邊聽音

樂，一邊在其中一格內畫出代表的線條。（應隨著自己的感受，沒有指定的樣式）

　　步驟三：接下來，請學生說說自己的圖畫，畫了什麼？為什麼畫這些？

　　有沒有其他的意思？最後，請學生運用腦圖將畫出來的事物寫下來，並寫下所聯想的事物；故事情節、感覺。利用自己的圖畫及聯想到的字詞創作童詩。

　　步驟四：就學生的需要提供個別指導。（以提問法刺激學生的靈感，指導學生組織一首詩，提醒學生可以運用已經學過的寫作技巧進行創作）

　　步驟五：學生依照所分的組別，再從各個文本中找出菁華的地方，結合成童詩創作的作品。

　　活動四：成果展示。

　　步驟一：每組將自己的創作作品，朗讀一遍，再將繪製好的童詩圖畫，張貼黑板。

　　步驟二：欣賞各組作品，在閱讀圖中的童詩，尋找圖文合奏的趣味處。

　　步驟三：作品說明。小組進行集體創作，將童詩中所選定的題材進行討論並創作。待小組創作完畢後進行發表。透過小組討論可讓各小組成員發現，每人所經驗的、印象深刻的都不同，並能在小組創作時集結每個人所發現的成分，加以協調、排列成為新的作品。觀賞者而言，在欣賞他組的作品時，也能刺激其想像空間與感受能力，並相互檢討。

　　依教學活動三，實際操作畫紙上的音符改編成新詩：

第一組

彩虹

天上的彩虹陪著太陽玩耍

彩虹不見了

為甚麼

太陽的心破裂了

該怎麼辦呢

天空開始下起小雨

太陽很高興

彩虹又出現了

太陽的心又合了起來

它們一起玩

天黑了他們手牽手一起回家

第二組

幻想

在天空中

一架戰鬥機一隻老鷹

在做飛行比賽

戰鬥機一下飛到白雲裡

放出了五顏六色的煙火

老鷹嚇得四處亂竄就躲到了森林

這時

戰鬥機找不到老鷹的蹤影

慢慢的飛離空中

天空又再度恢復了平靜

第三組

月亮和星星

早上

太陽出來了

月亮不見了

這時太陽很傷心

晚上

美麗的月亮終於露臉了

星星也跟著高高掛在天空

星星月亮高興的一起玩著

白天

星星月亮玩累了休息去

太陽卻孤單的掛在天空

把溫暖的陽光灑下大地

童詩創作：發揮菁華。

　　第三組〈月亮和星星〉最精采的一句話「太陽卻孤單的掛在天空，把溫暖的陽光灑下大地」。

　　這一組的作品圖畫創作的部分非常有創意，畫中就是有星星有月亮，小組在討論的過程中笑聲不斷的也是這一組。看圖創作童詩，這種摹寫創作的技巧讓人彷彿身在其境，讓人有看電影的視覺效果，其誇張而怪誕的表現手法也是一種美的表現。這首詩一開始沒有什麼特別的地方，但到了最後一句「太陽卻孤單的掛在天空，把溫暖的陽光灑下大地」，則是整首詩最精采的地方，讓整個詩意出現新轉折，的確給人耳目一新的感覺。

　　第二組〈幻想〉最精采的一句話「老鷹嚇得四處亂竄就躲到了森林裡」。

　　這篇童詩的架構非常完整，整首詩像在敘述一個故事讓人覺得用詞調皮、可愛、有趣。畫中色彩五顏六色非常豐富，童詩順著畫中色彩變化創作，這樣的創意可說是無中生有，製造了更多的趣味。

　　第一組〈彩虹〉最精采的一句話「太陽的心破裂了該怎麼辦呢？太陽的心又合了起來了！」

　　這是一篇讓人覺得非常有創意有趣味的童詩。這篇文章是逆向思考的創意，比較有趣的是「太陽的心破裂了該怎麼辦呢？太陽的心又合了起來了！」真是一個很好的結尾。

　　從童詩欣賞到集體創作並發表，學習者在過程中必能獲得許多新的經驗；即使對於新詩或人生體驗較少的學習者而言，都能在教學活動過程中有新的體驗。而這就是寫作教學的最重要的目標之一，提升人生體驗，進而提升寫作能力。因此，由學習者經由集體創作中去重組或衍生新的文章（新詩），必能再將「經驗」深植腦海並轉化為文字。

　　既然要學習寫文章，自然希望是任何文章都能學習；寫作教學者，自然期待學習者透過教學活動後，對於任何文體都能游刃有餘，所以教學活動依所針對的方向是童詩創作。

　　將寫作教學融入童詩創作，主要是強調寫作教學與童詩結合期望可以激盪出三層火花：創意式的結合、多元文類的結合、特定文類結合的建構。而寫作是師生均備受壓力的一項課題，所以針對寫作的教材也日益增加，寫作教學方法也轉趨活潑與多樣，融入童詩創作的寫作教學也時有所聞。因為透過童詩作為寫作的取材，衡量所能夠藉以發揮的，（連結前節的來說）主要是從童詩的「空白」、「斷裂」、「菁華」三者中尋找靈感，所以童詩中的空白可以加以填補、情節的斷裂可以加以銜接、內容的菁華可以加以發揮增加原詩句的豐富度。而從「空白」、「斷裂」、「菁華」加以填補、連結與發揮改編而成「二度創作」為另一首作品，正是本研究所強調童詩在寫作教學裡必須且是重要的角色。

　　此外，童詩與圖畫的挑選結合，是依據各童詩與文類的特色來取決。每一種媒體就代表一種意象；而新詩的美重在意象的營造，所以藉由畫上紙上音符意象表達與鍛鍊，正是新詩意象營造最佳的訓練；藉由詩句中的填補空白、銜接斷裂、發揮菁華，可以發現寫作的題材是廣泛的，甚至可以因為不同的觀察視野擷取不同的段落來顯創意，所以一張畫可以改寫成多部且風格不同的文本。

　　透過童詩的創作將學習者的經驗增強並提升，因為相關寫作教學的活動必須是因地制宜且有教學時間的限制，所以活動的安排就必須先克服環境與時間作最有效率的處理，也就是使學習者

透過童詩創作的寫作教學活動增強寫作的能力，將現有的題材再發揮。而透過討論，可以使學習者自行提出意見，加強經驗。可見童詩創作的寫作教學活動，不但能使學習者在活動後增進其寫作能力，更能在活動進行中體會「合群」的道理：為了解決問題，個人必須與他人產生聯繫，也提供他們在少數能掌控的機會中，學習行使或接受社會責任。經過這次的課程，學生對於創意的概念越來越清楚。當老師唸出文章，大部分的學生都能分辨是哪一種創意，也能欣賞別組的想法。在文字的運用上，有時候有些敘述句不夠簡潔，或是用了太多的對話造成情節的敘述不夠清楚，但是都能掌握到無中生有的創意。

　　就寫作教學從「特殊」或「精采」片段來從事「強寫作」教學，所謂「強寫作」相對的就是「弱寫作」，也就是泛泛的寫作。緣於過去制式化教學的窠臼，寫作教學現場經常出現皺眉苦思、搔頭晃腦，再加上唉聲歎氣，讓整個寫作過程看來似乎是苦不堪言。因為當我們深入去細看傳統的寫作教學現場，會發現作文的教學步驟如出一轍：

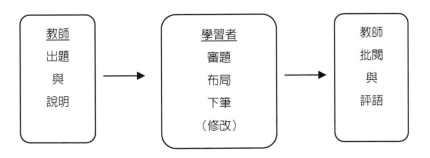

圖 6-3-1　傳統制式化寫作教學步驟（引自林怡沁，2011：30）

　　一堂寫作指導課程，一星期二節課，在這八十分鐘內，教師
會先出題，對題目加以說明，或有再加一篇範例補充，佐以美言
佳句、結構內容規畫的提示，接著就是自由發揮、振筆疾書的時
間。在短短的八十分鐘內，優秀且學習能力強的學生其實要依賴
老師說明的部分並不多，所以八十分鐘已足夠寫出一篇好文章，
但是「中等以下的學生才更需要有效的引導，所以寫作能力的訓
練必須納入課程，而成為必須達到的能力指標時，該用什麼方法
進行、用什麼教材，這需要整體的規畫與研發」。（何琦瑜、吳毓
珍主編，2008：71）可見在傳統的制式化教學中，教師所能發揮
的功能不大且不彰。這並不代表教師的能力不足，歸根究柢應從
引導的方法或方式著手改變，就是引導寫作前應該要讓學習者充
分了解今天寫作是為何事、為誰而寫，寫作的目標訂出來，才能
開始寫作的準備作業。教師應先引導學習者在寫作構思時，能知
道從自己的生活經驗去找尋材料，而這就是一項非常重要的寫作
訓練。因為雖然從題目延伸出來的內容會因生活經驗的不同，或
是共同經驗中截取的題材不同而內容互異，但是教師所要激起的
就是學習者能針對題目所進行的經驗收尋，接下來才能將題目的
範圍固定下來，並且針對審題將題材去蕪存菁。這一個部分，就
是教師與學習者互相對話的時候，因為題目本身是可以作很多提
示與討論的。但這卻是我們在寫作教學現場中最缺乏的互動。（何
琦瑜、吳毓珍主編，2008：72）

　　在深論寫作題材選取以外，可以從橋樑書針對菁華處去闡揚
去加以發揮「強寫作」的能力，也就是加碼式的能力，如所收集
到的每一個文本都是菁華，適合以故事文體呈現，透過寫作教學

的練習，來達到強化寫作教學而讓學生訓練文筆的目的。例如〈海豚救難記〉一文中有「砰！砰！突然，我身邊的水轟隆一聲噴了起來。然後我聽到這輩子最甜美的聲音，是海豚喀答聲『波波，是你嗎？』我輕聲說。我累得幾乎無法移動手臂，但是雙手抓住他的背鰭必。波波唧唧叫，開始慢慢游，開始在水中拖著我，一小時又一時」（yahoo 網站，2006c），這是菁華的地方。再如選〈海豚救難記〉與夏婉雲所著《穿紅背心的野鴨》頗有異曲同工之妙，最主要是以提升學生對生態保育的關懷。繪本故事，鄭清文的《沙灘上的琴聲》文長約 600 字，故事美得像首詩，沙灘上有許多擱淺的白鯨，牠們再也無法等到漲潮，充滿童話色彩。如讓學生觀看一幅梵谷的畫，分析自己屬於使用右腦的人，還是使用左腦的人，並判別抽象思考與具象思考的差異性；原來人的左右腦思考差異，會讓一個人具有完全不同的思考傾向，而且兒童與大人的左右腦也大不同！學生在寫作時可以語詞練習加強語氣，透過聲情的表現，增加寫作的效果，讓學生覺得寫作更有趣。寫作的關鍵能力也是學習者要寫好一篇文章必須具備的條件。

　　學生學習寫作透過文本菁華處的引導，知道從菁華處去發揮想像力予以闡揚，多選擇菁華的題材，讓寫作教學的成果有多種的發掘，同時也可以回過頭來暗示橋樑書編纂的更好取材方向。因此，橋樑書菁華處不只提供寫作豐富的資源，還可以跟寫作構成一種互為作用的關係。

第七章　實務印證與成效評估

第一節　實施對象

　　本研究間採用實證研究的方式，配合實際教學活動，來驗證本理論建構成效。在學校我擔任的是中年級導師，所以以自己班級的學生為實施的對象；由於導師對班上的學生比較了解，如此對於活動後的後續觀察會比較方便。

　　目前國小教師的教學方式大多數仍以講述的方式為主，和學生之間的互動與溝通仍然不夠，在上課中多半是老師提問題，然後學生回答。例如老師問學生：「以上講解的題目，聽得懂嗎？」學生簡單的回答：「懂！」就結束師生之間的對話，但是有的學生明明就不懂，他也不提出疑問來。因此，可以發現學生上課的情緒就顯得低落，讓人覺得很沒精神，如此對於一些成績較差的學生，反而幫助不大。

　　上課的氣氛既然會影響學生的學習態度，那麼該如何改變教室的氣氛，來提升學生的學習動機，讓他們在聽、說、讀、寫、作方面的語文能力都能有很大的提升？如果將他們作異質性的分組，並透過合作學習的方式，必能達到學習的功效。合作學習是很重要的，許多學者對合作學習提出的定義：合作學習是一種有

系統有結構的教學策略。在合作學習中教師將不同能力、性別、種族的學生分配於小組中一起學習。他能適用於不同學科及不同年齡學生的學習。（Rober E. Slavin，1985）合作學習是在教室的學習環境中，提供一個合作的學習環境，讓學生在異質小組中與同儕共同學習，彼此互相支援、批判或分享彼此的觀點，最後共享成果，並藉此合作的學習環境中，潛移默化以培養更多的合作行為。（Ruth E. Parker，1985）合作學習是一種在一起學習的活動方式，鼓勵彼此討論，擴展思考和期望以引導更高層次的認知，刺激學生多元化的發展。在這種環境下，能用合作學習的方法組織複雜、有趣及開放性作業，一但此過程達到完全內化後，就成為學生獨力發展過程中之一部分。（Wim Nijhot&Piet Kommers，1985）合作學習不僅是面對面的接觸，更要互相討論、幫忙與分享。（Jonhson David & Jonhson Rager，1987）依不同能力、種族、性別所組成的常態性異質結構，不同背景的學生參與合作學習後，增加學科成就並增強自尊心，同時也更能尊重別人不同的人格特質。（Page Kalkowski，1988）合作學習是一種將三至五個學生有目的性的分為一組而使每組學生共同完成某些特定學習活動的教學過程，在此種此以學習者為中心的教學過程中，小組每一成員都對自己的表現負責，而教師係扮演小組學習促進者（facilitator）與諮詢者（consultant）的角色。（Amalya Nattiv，1994）合作學習是結合教育學、社會心理學、團體動力學等的一種分組教學設計，主要是利用小組成員間的分工合作、互相支持，去進行學習；並利用小組本位的評核及組間比賽的社會心理氣氛，以增進學習成效。目的在使學習活動成為共同合作的活動，

其成敗關係團體的榮辱。（林生傳，1992）合作學習是經由小組同儕合作協助的學習方式，在 2 至 6 人的異質小組中，透過團體互動的歷程，一起學習，彼此協助完成工作，以達到個人及團體的共同學習目標。（何素華，1996）合作學習是一種教學策略，指透過教師將學生妥善異質分組，每組人數 5-6 人。學習歷程中，教師的角色是協助者，經由教師的協助和學生同儕的扶持進行學習活動。小組為了共同目標一起合作，以完成個人和團體學習目標，進而從中習得各種技能。林靜萍（2005）是一種班級組織的改良狀態，採小組學習方式，藉由各種策略促進同儕互動，營造組織命運共同體的狀態，擴大自己與他人學習的機會，構成積極互賴的學習情境。（林達森，2002）由上述學者的意見，可看出合作學習的定義有幾個共同點：（一）合作學習是一種有系統的教學策略；（二）合作學習為兩人以上的學習小組；（三）有著共同的學習目標；（四）小組間可以共同協商討論；（五）合作學習可以提升學生認知、社交與情意的發展，以增進彼此學習。因此，合作學習有其獨特性，和其他教學方法是有區別的。合作學習並不是將學生置於小組中學習那麼簡單，更重要的是組織合作小組，促進小的合作學習。合作學習並非不是讓學生圍坐在一起，讓每個學生做作業而已。合作學習並非由一個學生撰寫小組報告，其他學生搭便車簽名即可。合作學習不等於小老師制，由某一學習快的學生教導學習遲緩的學生。合作學習不等於讓學生坐在一起和其他同學討論教材，協助其他同學。合作學習也不等於一般的小組討論，把學生分成幾個小組，讓小組成員在一起討論。真正的合作學習小組，每個成員是互相依賴，互相幫忙，分享資

源，彼此相互助長學習。

　　九年一貫課程中，十大基本能力的「尊重、關懷與團隊合作」強調每個人要具有民主素養，包容不同意見，平等對待他人與各族群；尊重生命，積極主動關懷社會、環境與自然，並遵守法治與團體規範，發揮團隊合作的精神。（教育部，2003）團隊合作與合作學習有著密切的關係。簡妙娟指出合作學習是一種有結構、有系統的教學策略，能適用於不同年級和不同學科的領域。在合作學習中，教師可依學生的能力、性別、種族背景等不同因素，將學生分配到一異質小組中共同學習，鼓勵小組成員互相協助，以提高個人的學習效果並達成團體的目標。（引自黃金印，2007：39-48）黃政傑（1996）曾提到，合作學習教學法受到重視的原因，主要有兩方面。第一是希望透過合作學習來提高學習成效，讓能力高的學生只到能力較差的學生，或讓經驗豐富的學生協助沒有經驗的學生進行學習。第二的理由是希望經由合作學習來增進人際互動機會，培養人際關係能力，解除社會隔離的現象。

　　Slavin 認為認知理論中最能說明合作學習認知表現的是「認知發展理論」（cognitive development theory）和認知精緻化理論（cognitive elaboration theory）。認知發展的觀點以 Vygotsky 和 Piaget 的理論為基礎；認知發展理論對合作學習的基本假設是，當學生以適當的作業進行互動時，在互動的歷程中，便能熟悉重要的學習概念。（黃金印，2007：39-48）Vygotsky 的鷹架理論，心理學家 Vygotsky 提出的近策發展區（the zone of proximal development）理論中認為教師或其他能力較好的同儕團體，能提供學習者暫時性的支持，並透過結構化的學習歷程，建立學習者自我學習的垂直

應架，以及同儕團體的水平鷹架，共同建構成學習網路。透過社會互動功能促進學習者的問題解決能力，以達成學習遷移的效果。因為在學習過程中一起努力奮鬥、一起鼓勵分享，或可達到互惠、教學相長的目標。班級氣氛融洽，同儕之間是互相信賴、友善的，合作學習的教學方式更能增進班級氣氛的和諧與同儕之間的友誼。（引自江佳玫，2008：61-65）

　　根據 Bandure 所提出的社會學習理論，認為學習是經由個體內在歷程、個體行為與環境三方面互動的產物。個體透過觀察、模仿，產生內在認知歷程改變，進而有新的學習行為產生。也就是說，學生在同儕互動中，經由觀察、模仿，可以調適、同化新舊經驗，進而建構出新的知識來。Sharan 和 Sharan 認為小組的情境為學生提供一種自我自尊與學習動機能夠延續社會環境的功能特別重要，因為他是學生參與學習活動的基本環境；在此環境下，學生們一起發現問題、謀求策略、解決問題，彼此透過合作，讓學生們的自尊獲得重視、情感得到歸屬，並且維持參與學習活動的意願。（引自楊栢青，2005：1-2）

　　在班級裡，由於每個人的程度都不盡相同，大家所擁有的才能當然也不一樣。有人是語文高手；有人是數學資優的學生；有人或許在學科方面較弱，但卻是體育健將；有人擅長表演，在藝能方面的表現很出色，每個人都會有屬於他的專長能力。透過異質的方式將學生分組，成員中擁有各種不同的能力，當小組成員在討論時，因為彼此之間的互動頻繁，彼此互相學習與交換意見，彼此之間也能互相競爭、合作，成員對教材能夠更加了解，達到精熟的程度。因為互相合作，成員們互相信賴，培養出共同的默

契，對於提升學習興趣有很大的助益。當學習興趣提升以後，班級的學習氣氛會往好的方向改變，教師就能讓學生自主學習，在教室裡隨時採用小組討論的方式學習，改變教師單純的講述法教學，教學效果提高，學生也會透過小組成員與成員間的互動，獲得更大的學習效果。

合作學習的分組可以採用異質性的方法來分。合作學習的特質中，異質分組是其中的一種。異質分組的分組原則是讓小組成員具有異質性，而非同質性。以此原則可以提供學生更多的機會認識不同的學習對象，不論是高能力或是低能力，聽取不同的看法，分享彼此的經驗，讓學生從更多不同的觀點結合學習經驗，達成學習目標。林佩璇和黃政傑在《合作學習》一書中提到，異質分組是合作學習的特質之一，在合作學習小組中，小組中的每個成員都必須是浮沉與共、休戚相關的，彼此互相照顧、互相幫忙，分享資源，而且彼此相互成長學習。每個成員都應負起學習責任，都應有成功的學習表現，善用人際關係和小團體技巧，並且能參與小組自我反省的工作，進而改進小組學習態度，增進小組學習的成效。（楊栢青，2005：17）小組成員倘若是同質性太高，學生的見解容易相同，如此就無法激發出不同的想法，對學生來說進步的空間反而變小了。

九年一貫課程十大基本能力有「尊重、關懷與團隊合作」，團隊合作與合作學習有密切的關係。換句話說，團隊合作的能力養成，不能徒託空言，必須在教學情境中，透過體驗、省思、實踐的歷程加以開展。（黃金印，2007：39-48）因此，本研究依根據合作學習的方式來實施，以自己班級的學生進行教學活動，學生

的分組採異質性的方式，希望藉此分組讓學生的能力能夠互補，彼此互相觀摩學習，達到合作學習的效果。當分組完了以後，小組中每個成員都必須了解自己在這個學習活動所要扮演的角色，以及所負的責任。教學活動進行前先作前測問卷並且實施，藉以了解學生基本的語文能力、課堂的發言習慣以及說話的態度。在活動進行的過程中，觀察各組合作學習的情形，透過教材的討論、劇本的修改，讓學生從活動過程中能獲得與相關的知識。當課程結束後，再對他們實施後測問卷，藉以檢證學習成效。

在教材的內容方面，本研究所採用的教材為「新橋樑書」。在教學中，必須先讓學生了解什麼是「新橋樑書」。所謂「新橋樑書」的定義很廣，只要是適合學生學習的教材都可以稱為「新橋樑書」。如本脈絡所示，「新橋樑書」以四個主題搭配不同的文本，結合文本中的菁華、斷裂、空白處，並以故事的方式呈現，提升學生寫作教學的效果。每一套橋樑書的編纂都有它的涵義，例如以海洋教育為主題所編纂的橋樑書，希望透過多樣文本的教學以及角色的扮演，讓學生學習保護海洋生態、尊重生命，達到多元教學的目的。單一文本會顯得比較單調，不同文本的結合會增加學習的興趣，對於教材也會比較具有完整性。例如〈海豚救難記〉一文中有「砰！砰！突然，我身邊的水轟隆一聲噴了起來。然後我聽到這輩子最甜美的聲音，是海豚喀答聲『波波，是你嗎？』我輕聲說。我累得幾乎無法移動手臂，但是雙手抓住他的背鰭必。波波唧唧叫，開始慢慢游，開始在水中拖著我，一小時又一時」。選這一篇〈海豚救難記〉與夏婉雲所著《穿紅背心的野鴨》頗有異曲同工之妙，最主要是以提升學生對生態保育的關懷。繪本故

事，鄭清文的《沙灘上的琴聲》文長約 600 字，故事美得像首詩，沙灘上有許多擱淺的白鯨，牠們再也無法等到漲潮，充滿童話色彩。如讓學生觀看一幅梵谷的畫，分析自己屬於使用右腦的人，還是使用左腦的人，並判別抽象思考與具象思考的差異性；原來人的左右腦思考差異，會讓一個人具有完全不同的思考傾向，而且兒童與大人的左右腦也大不同！學生在寫作時可以語詞練習加強語氣，透過聲情的表現，增加寫作的效果，讓學生覺得寫作更有趣。有了以上兩種不同的文本，再結合其他文本，教材會變得更豐富，也會增加學習的興趣，學習的效果一定能大大的提升。如此在學生獲得知識、增加語文能力的同時，也讓他們更懂得愛護大自然的生物。

第二節　實施流程與工具運用

　　本研究實施教學的班級是四年級，因為是屬於自己帶的班級，所以在課務方面的調整比較方便。在進行教學活動前先告知學生，大部分的學生對這樣的活動都感到相當有興趣。故事是他們的最愛，雖然他們一直在聽很多的故事，但是他們還是很期待。活動的進行利用國語課及彈性課程的時間，每次連續兩節的教學活動，共進行四週，以方便完整教學的進行。本班學生有 10 個人，將 10 人共分成 3 組，每組 3 人或 4 人進行活動。表 7-2-1 為班級分組編碼一覽表：

表 7-2-1　班級分組編碼一覽表

班級	四年甲班		
組別 組員	第一組	第二組	第三組
組長	S1	S2	S8
組員 1	S4	S3	S9
組員 2	S6	S5	S10
組員 3	S7		

在分組方面以「異質性分組」的方式，原則上以成績優劣的順序來分，再作其他的調整，小組成員裡各自有其擅長的能力，也有需要學習成長的學生。在課程實施方面，每次二節，共 80 分鐘。每一次的教學由我（施測者）與學生擔任第一及第二個觀察者，並請學校的同事擔任第三位參與觀察者。本課程共進行四週，每週一個教學活動，每次二節課 80 分鐘，利用國語課或彈性課程的時間。茲將三次教學活動表列如下：

表 7-2-2　橋樑書與寫作教學類型結合討論進度表

文體名稱	實施日期	實施方式	備註
童詩創作	2012.03.28	文本討論、童詩創作並欣賞	
敘事文體	2012.04.23	文本討論、故事改編並演出	
說明文體	2012.05.14	文本討論、角色扮演並演出	

學生對橋樑書的概念是模糊的，因此在第一次的教學活動中，除了讓學生認識什麼是各種文體的形式特徵以外，還要讓他們明白橋樑書的定義，並在活動中向他們說明各個文本的內容；再來是討論橋樑書和寫作教學應該如何作結合，以達到強化寫作

的訓練。在活動進行中，對於各項文本（如紙面文本、視聽文本……）都要讓他們認識，並讓他們從各個文本中找出文章中的菁華、空白及斷裂的地方，然後加以發揮、填補、銜接，完成一套完整的文章。聽故事對學生而言並不陌生，課堂中課文就是故事，教室中的故事書或圖書室的故事書時都方便閱讀。然而，將故事融入各種文體寫作對他們來說，是一種新鮮的體驗，小朋友都沒有接觸過，所以必須向他們說明什麼是橋樑書和寫作作結合，活動該如何進行；透過故事傳達並結合所選的文本，讓學生學習海洋生態保護的重要性，也藉由活動的進行讓學生體會尊重生命的道理，以達到多元教學的目的。

第二次的活動是敘事文體的教學，橋樑書的概念已經在第一個活動中說明，所以在本次活動會將故事文體的定義、特性，向學生作解說。當然有關敘事文體所選用的各個文本也要向學生說明內容。再來是討論橋樑書該如何和敘事文體的特性作結合，並且將不同文本中菁華、斷裂、空白處結合起來，編寫出一套適合學生故事文體，運用在寫作教學上，達到寫作教學的效果。透過敘事文體的演出，讓學生了解愛護環境的重要，並藉由討論與演出，達到分工合作、相互學習的目的。

第三次為故事文體的教學活動，故事文體的定義是什麼？有哪些特性？都必須向學生作說明，讓學生對故事文體能有所了解，然後將所編纂的橋樑書向學生說明文本內容。再來是討論橋樑書該如何和故事文體的特性結合，然後再找出各個文本中菁華、斷裂、空白處結合起來，編輯出一套適合學生演出的故事，達到寫作教學的效果。

　　第四次為說明文體的教學活動，說明文體活動教學進行前，先讓學生觀看說明文體的文章，也讓學生了解說明文的相關知識，例如說明文體的定義、特色等。等到學生對這些知識有所了解，接著再介紹與說明文體搭配的各個文本，將說明文與橋樑書作結合，然後依前面三種活動的方式，將文本中斷裂、空白以及菁華處找出來，再予以銜接、填補、發揮，編製出一套說明文體，適合學生來演出，藉由表演讓學生體會生命的重要，積極活出自己的人生。表 7-2-3、表 7-2-4、表表 7-2-5 分別為童詩童話、敘事文體、故事文體、說明文體等故事表演的教學活動設計。

表 7-2-3　〈童詩童畫〉教學活動設計

單元設計	童詩童畫	教學對象	國小四年級學生
設計者	黃春霞	教學人數	10 人
教學場地	教室	教學時間	80 分鐘
教材來源	yahoo 網站、花婆婆方素珍繪本工作坊、臺灣文學作家系列（林煥彰）、向兒童詩說 Hello、《我愛青蛙呱呱呱》（林煥彰，2007）		
教學資源	電腦、網路、電視、WORD、前後測問卷、攝影機、照相機、音樂 CD。		
教學目標	1.由身邊所及兒童讀物，包含圖畫書，橋樑書等讀物進行選材。 2.為達到由圖像閱讀銜接到文字閱讀進而達到寫作的目的。 3.認識不同的線條（長、短、直、曲、起角、粗、幼……）。 4.認識不同的線條所表達的節奏感或情感。 5.透過音樂，刺激學生聯想／創意並利用線條及色彩表達。 6.利用自己的圖畫創作童詩。 7.藉由討論，達到分工合作、互相學習、欣賞的目的。		

活動名稱	教學活動內容	時間	十大基本能力	能力指標	教學目標	教學評量
	一、準備活動 （一）教師部分 　1.預先實施前測問卷。 　2.準備八開圖畫紙、影印放大童詩、膠水、刀片。 　3.將全班分成三組，進行討論與發表。 （二）學生部分 　1.填寫並完成前測問卷。 　2.繪圖用具。 二、發展活動					
知識補給站	（一）活動一： 　1.老師拿出網路上收集童詩資料，唸一唸〈我愛青蛙呱呱呱〉、〈公雞生蛋〉這兩首詩，再請學生看看繪圖的設計，是不是和圖畫一樣生動活潑、幽默有趣！ 　2.請學生說一說聽完這兩首童詩有什麼特別的感覺？ 　　S1：題目〈公雞生蛋〉就很好笑，公雞又不會生蛋。 　　S2：天暗暗，地暗暗，天亮亮，地亮亮，是用疊字詞耶！ 　　S3：公雞很可愛，但是「把太陽看成自己生的金雞蛋」更可愛。 　　S4：我喜歡〈我愛青蛙呱呱呱〉這首詩，因為最近晚上常聽到青蛙在叫。 　　S5：可以把青蛙的叫聲關進自己的世界裡，很有趣。 　教師總結：剛才各組都能將討論的意見表達出來，真的很棒。有些詩，我們讀了覺得很愉快；有些詩，我們讀了覺得很喜歡；有些詩，我們讀了覺得很有趣味；	20	2.欣賞、表現與創新 4.表達、溝通與分享。 5.尊重、關懷與團隊合作。	2-2-1能培養良好的聆聽態度。 2-2-2-3能發展仔細聆聽與歸納要點的能力。 3-2-1-1在討論問題或交換意見時，能清楚說出自己的意思。 3-2-1-1在討論問題或	藉由討論與演出，達到分工合作、互相學習、欣賞的目的。 藉由討論，達到分工合作、互相學習、欣賞的目的。	能仔細聆聽、思考，並說出自己的想法。 能仔細聆聽、思考，並說出自己的想法。

橋樑書與童詩的相遇	有些詩，我們讀了覺得很有意思。這就是為什麼我們要讀詩。好的童詩作品會讓人產生具象的畫面，讓人享受其中的樂趣。		交換意見時，能清楚說出自己的意思。		
	（二）活動二：討論橋樑書和童詩該如何作結合，運用在寫作教學上，達到寫作教學的效果。	20	4.表達、溝通與分享。 5.尊重、關懷與團隊合作。 7.規畫、組織與實踐。	2-2-2-4 能在聆聽過程中感受說話者的情緒。 2-2-1 能培養良好的聆聽態度。 3-2-1-1 在討論問題或交換意見時，能清楚說出自己的意思。 3-2-4-2 能主動學習充實說話的內容。	
	1.教師說明：將學生分成三組，一組討論如何將文本間的空白處填補起來；一組討論如何將文本間的斷裂處作銜接；一組討論如何發揮各文本間的菁華。空白、斷裂、菁華的意義已於寫作教學中向學生說明。請學生以〈公雞生蛋〉童詩為題材，該篇童詩是從臺灣文學作家系列網站收尋到的童詩，請學生討論並舉例說說看，空白、斷裂、菁華各在哪裡。				
	S：公雞跳到屋頂上：公雞不一定要在屋頂上，可以在樹梢或是任何一個角落。				
	S：題目〈公雞生蛋〉，公雞是不可能生蛋的。				
	S：我生了一個大金雞蛋！ 太陽和公雞聯想在一起，產生創意的趣味。				
	2.再請學生以〈我愛青蛙呱呱呱〉童詩為題材，這篇童詩是從臺灣文學作家系列網站收尋到的童詩，請學生討論並舉例說說看，空白、斷裂、菁華各在哪裡。				
	S：爸爸說：這樣太吵了。可以說：讓我睡不著覺。				
	S：媽媽要我複習功課，叫我把關上、把窗戶關緊。 我讓青蛙的聲音伴我一起				

教學活動	活動內容	時間	能力指標			
	讀書。 S：我還是偷偷的關進它們的聲音。其實青蛙的聲音一直就在自己的世界裡。 教師總結：剛才各組都有從童詩中找出答案來，很棒！倘若能從不同的文本間找出空白、斷裂、菁華的地方，然後再加以填補、銜接、發揮，完成一個很棒的童詩，這樣大家寫起來，才能有不錯的效果。					
寫詩創作了囉！	（三）活動三：畫紙上的音符 1.分給學生一人一張裁切好的圖畫紙，請學生在黑板上儘量畫出不同形態的線（長、短、直、曲、起角、粗、幼……）請學生說說各種線條給他的感覺是怎樣的，並紀下詞語。 （例如 ◎→眩暈；〜→柔和；𝗪𝗪𝗪→刺激…… 2.接這播放音樂（數秒），學生嘗試用線條表達對音樂的感覺。用線條隨意的將畫紙分為數份：例如 一邊聽音樂，一邊在其中一格內畫出代表的線條。（應隨著自己的感受，沒有指定的樣式） 3.接下來，請學生說說自己的圖畫，畫了什麼？為什麼畫這些？有沒有其他的意思？ 最後，請學生運用腦圖將畫出來的事物寫下來，並寫下所聯想的事物、故事情節、感覺。利用自己的圖畫及聯想到的字詞創作童詩。 4.就學生的需要提供個別指導。 （以提問法刺激學生的靈感，指導學生組織一首詩，提醒學生可	15	4.表達、溝通與分享。 5.尊重、關懷與團隊合作。	五、尊重、關懷與合作。 二、欣賞、表現與創新。	藉由討論，達到分工合作、互相學習、欣賞的目的。	能仔細聆聽、思考，說出自己的想法，並提出回饋與建議。

	以運用已經學過的寫作技巧進行創作） 5. 學生依照所分組別的組別，再從各個文本中找出空白、斷裂、菁華的地方，結合成童詩創作的作品。				
作品欣賞	（四）活動四： 1. 每組將自己的創作作品，朗讀一遍，再將繪製好的童詩圖畫，張貼黑板。 2. 欣賞各組作品，在閱讀圖中的童詩，尋找圖文合奏的趣味處。 3. 作品說明。 第一組 彩虹 天上的彩虹陪著太陽玩耍 彩虹不見了 為甚麼 太陽的心破裂了 該怎麼辦呢 天空開始下起小雨 太陽很高興 彩虹又出現了 太陽的心又合了起來 它們一起玩 天黑了他們手牽手一起回家 第二組 幻想 在天空中 一架戰鬥機一隻老鷹	25	4. 表達、溝通與分享。 5. 尊重、關懷與團隊合作。	3-2-1-1 在討論問題或交換意見時，能清楚說出自己的意思。 3-2-4-2 能主動學習充實說話的內容。	藉由討論，達到分工合作、互相學習、欣賞的目的。	能發揮團隊合作精神，完成個人及團隊任務。

	在做飛行比賽 戰鬥機一下飛到白雲裡 放出了五顏六色的煙火 老鷹嚇得四處亂竄就躲到了森林 這時 戰鬥機找不到老鷹的蹤影 慢慢的飛離空中 天空又再度恢復了平靜 第三組  月亮和星星 早上 太陽出來了 月亮不見了 這時太陽很傷心 晚上 美麗的月亮終於露臉了 星星也跟著高高掛在天空 星星月亮高興的一起玩著 白天 星星月亮玩累了休息去 太陽卻孤單的掛在天空 把溫暖的陽光灑下大地 4.檢討成效 　S：第三組（月亮和星星）最精 　　采的一句話「太陽卻孤單的 　　掛在天空，把溫暖的陽光灑 　　下大地」，讓人覺得太陽很偉 　　大。 　S：第二組（幻想）最精采的一 　　句話「老鷹嚇得四處亂竄就 　　躲到了森林裡」，讓人覺得用 　　詞調皮、可愛、有趣。						

	S：第一組（彩虹）最精采的一句話「太陽的心破裂了該怎麼辦呢？太陽的心又合了起來了！」讓人覺得有創意的趣味。 教師總結：大家都很努力的完成這次的討論與作品的完成，真的好棒！成效檢討的部分也都說得不錯，後面還有兩個活動，期待大家會有更好的表現。				

表 7-2-4　故事文體〈海洋之歌〉教學活動設計

單元設計	海洋之歌	教學對象	國小四年級學生
設計者	黃春霞	教學人數	10 人
教學場地	教室	教學時間	80 分鐘
教材來源	海洋生物博物館網站、海洋生物博物館兒童網站、教育主題網站、《穿紅背心的野鴨》（夏婉雲，1988）、《快樂腳》（3D 動畫）（喬治・米勒導演，2006）、《沙灘上的琴聲》（鄭清文，2004）、〈小海鸚鵡之夜〉（yahoo 網站，2006c）		
教學資源	電腦、網路、電視、WORD、前後測問卷、攝影機、照相機。		
教學目標	1.能有專心聆聽的能力。 2.能培養喜歡閱讀的能力，使之融入學習及生活脈絡中。 3.認識故事文體。 4.藉由討論過程，發展思考性的閱讀，增進兒童的創造和思考能力。 5.能應用改寫、續寫、擴寫、縮寫等方式寫作。 6.營造豐富閱讀環境，奠定終身學習的基本能力。 7.透過故事，讓學生體會環境教育的重要，並學習愛護環境。 8.藉由討論，達到分工合作、互相學習、欣賞的目的。		

活動名稱	教學活動內容	時間	十大基本能力	能力指標	教學目標	教學評量
知識補給站	一、準備活動 （一）教師部分 　1.預先實施前測問卷。 　2.準備故事文體要用的各項文本。 　3.將全班分成三組，進行討論與表演。 （二）學生部分 　1.填寫並完成前測問卷。 　2.預先看〈海豚救難記〉故事文本。 二、發展活動 （一）活動一 　1.討論什麼是「橋樑書」。 　　教師提問：你們知道什麼是「橋樑書」嗎？ 　　S：不知道。 　　S：應該是可以作橋樑的書吧！ 　　S：書裡面會介紹很多的橋的名稱和知識。 　　S：這本書應該是積木可以拆開組合成一座橋。 　　教師總結：大家都有認真的去討論這個問題，各組也都發表了意見。「橋樑書」基本上是銜接從圖像閱讀進入文字閱讀的階段性讀物。在這裡所說的橋樑書是指「新橋樑書」，周遭生活中只要是適合學生閱讀的讀物或良好的作品，都可以是「新橋樑書」。 　2.討論什麼是故事文體。 　　教師提問：你們認為「故事文體」是什麼？ 　　S：故事文體就是有人在說故事。 　　S：就是繪本童話書。	15	2.欣賞、表現與創新 4.表達、溝通與分享 5.尊重、關懷與團隊合作。	2-2-1 能培養良好的聆聽態度。 2-2-2-3 能發展仔細聆聽與歸納要點的能力。 3-2-1-1 在討論問題或交換意見時，能清楚說出自己的意思。	藉由討論與演出，達到分工合作、互相學習、欣賞的目的。	能仔細聆聽、思考，並說出自己的想法。

橋樑書與故事文體的相遇　要聽故事囉		S：故事文體就是可以上臺去演戲。 教師總結：剛才各組都能將討論的意見表達出來，真的很棒。故事文體內容有故事、科學、社會科學、文件等、有圖有表，都是很好的故事題材，最主要故事內容能吸引小朋友，例如：藉有故事的傳達，讓學生體會環境教育的重要，並學習愛護環境。			
	（二）活動二：討論橋樑書和故事文體如何作結合，運用在寫作教學上，達到教學的效果，並強化寫作的訓練。 教師說明：將學生分成三組，一組討論如何將文本間的空白處填補起來；一組討論如何將文本間的斷裂處作銜接；一組討論如何發揮各文本間的菁華。向學生說明什麼是空白、斷裂、菁華，並請學生就〈海豚救難記〉一文討論並舉例說說看，空白、斷裂、菁華各在哪裡。 S：砰！砰！突然，我身邊的水轟隆一聲噴了起來。 　然後我聽到這輩子最甜美的聲音，是海豚喀答聲「波波，是你嗎？」我輕聲說。我累得幾乎無法移動手臂，但是雙手抓住他的背鰭必。波波嗯嗯叫，開始慢慢游，開始在水中拖著我，一小時又一時。這是菁華的地方。 S：這一課斷裂的地方在現在海豚的數量愈來愈少，因此，	20	4.表達、溝通與分享。 5.尊重、關懷與團隊合作。 7.規畫、組織與實踐。	2-2-1能培養良好的聆聽態度。 2-2-2-3能發展仔細聆聽與歸納要點的能力。 3-2-1-1在討論問題或交換意見時，能清楚說出自己的意思。	藉由戲劇的演出，提升學生說話的能力。能藉由角色扮演來敘述故事。透過聽故事及模仿故事情節，讓學生體會環境教育的重要，並學習愛護環境。	能與小組討論改編劇本並揣摩劇中的角色。能認真欣賞同學的演出。

	人類發起保護海豚的運動。文本中並沒有說到保護的方法。 S：我曾經在他還是寶寶小的時候，在牠的尾巴切掉一個大魚鉤，救了他一命。從那時候起，他就成為我的水底夥伴，我叫他波波。 S：當我找到一枚金幣時，波波也注意到我的一舉一動，我含著氣泡叫「耶！我找到了！」波波補上牠海豚的喀答喀答聲。 教師總結：剛才各組都有從課文中找出答案來，很棒！倘若能從不同的文本間找出空白、斷裂、菁華的地方，然後再加以填補、銜接、發揮，完成一個很棒的寫作題材，這樣大家寫起來，才能有不錯的效果。				
動腦時間	（三）活動三：改寫文本 1.教師將以海洋教育為主題的所編纂的橋樑書和學生作說明，並播放《海豚的圈圈》紀錄片、《珊瑚悲歌》動畫……等，然後讓學生依照所分的組別再從各個文本中找出空白、斷裂、菁華的地方，結合寫作。 第一組：寫菁華的部分，例如：波波浮在我身邊，喳喳地唱著他的海豚歌。我愚蠢地為了一條金鍊子危害了自己的生命，而牠救了我，這是我欠牠的。他轉身向大海游去，一會兒跳出水面，展現美妙的動作。還會表演高超迴旋空中的技術，動作真的很優雅、很敏捷呢！一會兒又潛入中，不見了。第	30	4.表達、溝通與分享。 5.尊重、關懷與團隊合作。	2-2-1能培養良好的聆聽態度。 2-2-2-3能發展仔細聆聽與歸納要點的能力。 3-2-1-1在討論問題或交換意見時，能清楚	提升學生說話的能力。	能認真欣賞影片。

	二組：將空白的部分銜接起來，例如：人類所排放的有毒廢氣物，到了海洋中，除了直接污染鯨豚的生活環境，並且也間接的污染了豚的食物來源。在一連串的食物鏈中，有毒物層層地累積，從浮游物、小型海中生物、小魚、大魚等，最終疊加的有毒物造成了更深的毒素，隨著這些食物進入鯨豚的身體之中，造鯨豚的突變與健康傷害。第三組：將斷裂的部分填補起來，例如：鯨豚對於我們不只是生態平衡而是人類的好朋友。是啊！不過現在海豚的數量愈來愈少了，因此，人類發起保護海豚的運動。人類要怎麼保護海豚？不要捕捉海豚，這樣他們才不會面臨絕種，才能維持海洋生態的平衡啊！			說出自己的意思。		
成效檢討	（四）活動四：檢討成效 S：第一組用說的表演鯨魚跳出的動作很好笑，還做出海豚噴水的動作，讓人感覺好海豚真的跳出水面一樣，很好玩。 S：我覺得第二組得很棒，因為如果我們一直抓海豚或海底的魚類，那以後我們就不能去海生館或海洋公園看牠們了。 S：第三組說的海洋公園，我有去過，真的很漂亮，還有海豚在那做精彩的表演呢？我也很想住在裡面。 教師總結：大家都說得很棒，最後檢討的部分也都說得很好。這	20	4.表達、溝通與分享。 5.尊重、關懷與團隊合作。	2-2-1能培養良好的聆聽態度。 3-2-1-1在討論問題或交換意見時，能清楚說出自己的意思。	5.藉由討論與演出，達到分工合作、互相學習、欣賞的目的。	能仔細聆聽、思考，說出自己的想法，並提出回饋與建議。

	次的活動大家都很努力,而且說出自己的看法及想法,這是一個好的開始。希大家在各方面都能更用心,下一次的活動一定會更好。					

表 7-2-5　說明文體〈大自然與我〉教學活動設計

單元設計	大自然與我	教學對象	國小四年級學生			
設計者	黃春霞	教學人數	10 人			
教學場地	教室	教學時間	80 分鐘			
教材來源	海洋生物博物館網站、蘭陽博物館網站、youtube 網站、臺東鸞山森林博物館、《返家十萬里》(DVD 影片)(卡洛‧巴勒導演,1999)、《穿紅背心的野鴨》(夏婉雲,1988)、《挖土機年年作響》(約克‧米勒,2000)、《快樂腳》(3D 動畫)(喬治‧米勒導演,2006)、《沙灘上的琴聲》(鄭清文,2004)、〈小海鸚鵡之夜〉(yahoo 網站,2006c)。					
教學資源	電腦、網路、電視、WORD、前後測問卷、攝影機、照相機。					
教學目標	1. 藉由故事的演出,提升學生說話的能力,達到寫作的成效。 2. 能認識說明文體。 3. 能藉由故事中角色扮演來敘述故事。 4. 透過的演出,讓學生體會環境教育的重要,並學習愛護環境。 5. 藉由討論與演出,達到分工合作、互相學習、欣賞的目的。					
活動名稱	教學活動內容	時間	十大基本能力	能力指標	教學目標	教學評量
	一、準備活動 (一)教師部分 　1. 預先實施前測問卷。 　2. 準備故事劇場要用的各項文本。 　3. 將全班分成三組,進行討論與表演。 (二)學生部分 　1. 填寫並完成前測問卷。 　2. 預先看《穿紅背心的野鴨》文					

知識補給站	本。 二、發展活動 （一）活動一 1.討論什麼是「說明文體」。 　教師提問：你們認為「說明文體」是什麼？ 　S：說明文體就是有人在說故事。 　S：說明文體就是說明一件事。 　S：就是有人在說故事。 　S：說明文體就是說明白一個道理。 　教師總結：剛才各組都能將討論的意見表達出來，真的很棒。說明文體除了向人們介紹和說明事務的狀態、性質、特點外，就是能夠把一件事用淺近的文字說明，或把一個道理清楚明白解釋清楚就行。	15	2.欣賞、表現與創新 4.表達、溝通與分享。 5.尊重、關懷與團隊合作。	2-2-1能培養良好的聆聽態度。 2-2-2-3能發展仔細聆聽與歸納要點的能力。 3-2-1-1在討論問題或交換意見時，能清楚說出自己的意思。	藉由討論與演出，達到分工合作、互相學習、欣賞的目的。	能仔細聆聽、思考，並說出自己的想法。
橋樑書與說明文體的相遇	（二）活動二：討論橋樑書和說明文體該如何作結合，運用在寫作教學上，達到教學的效果。 　教師說明：將學生分成三組，一組討論如何將文本間的空白處填補起來；一組討論如何將文本間的斷裂處作銜接；一組討論如何發揮各文本間的菁華。空白、斷裂、菁華的意義已於故事文體教學中向學生說明。請學生以〈穿紅背心的野鴨〉文章為題材，該篇文章是從網站收尋到的，請學生討論並舉例說說看，空白、斷裂、菁華各在哪裡。 　S：鎮上的人都很歡迎這批可	15	4.表達、溝通與分享。 5.尊重、關懷與團隊合作。	2-2-1能培養良好的聆聽態度。 2-2-2-3能發展仔細聆聽與歸納要點的能力。 3-2-1-1在討論問題或交換	藉由討論與演出，達到分工合作、互相學習、欣賞的目的。	能仔細聆聽、思考，並說出自己的想法。

		愛的小客人，大家都遠遠的觀賞，不敢去驚擾。在將近一千隻水鴨中，花鳬數目雖然不多，卻是最美。發花鳬是最美的？到底哪裡最美，文中並未說明白；這個就是斷裂的地方，因為它沒有清楚的告訴我們哪裡最美。 S：神槍手獨自潛入蘆葦中，找到最接近鴨群的位置，等了好幾個小時，才看到小唐緩緩游出鴨群，這時候神射手不慌不忙口動版機，一槍射去，不偏不椅，正好射中小唐。 S：小唐恢復的健康，小唐飛走的時候，身上穿著一件紅背心。那是一位老太太從別的城市寄來的。小唐在空中盤旋又盤旋，好像向全鎮的人說：「『謝謝！』然後飛遠了，只看到遠處一個小紅點兒」。 教師總結：剛才各組都有從課文中找出答案來，很棒！倘若能從不同的文本間找出空白、斷裂、菁華的地方，然後再加以填補、銜接、發揮，夠把一件事用淺近的文字說明，或把一個道理清楚明白解釋清楚，這樣大家寫起來，才能有不錯的效果。		意見時，能清楚說出自己的意思。		
要表演囉	（三）活動三：改寫文本演出 1. 教師將以環境教育為主題的所編纂的橋樑書，來和學生作說明。在這一套橋樑書中，有一部分已在故事文體教學活動中和學生提過，所以在此活動中		30	4. 表達、溝通與分享。 5. 尊重、關懷與團隊合	2-2-2-4 能在聆聽過程中感受說話者的情	藉由故事的演出，提升學生說話的能力。	能與小組討論改編劇本並揣摩劇中的角

		作。	緒。	能藉由	色。
	省略不講,〈小海鸚鵡之夜〉單篇文本、〈臺東巒山森林博物館〉讓我們對整個森林博物館的地理環境及生態有所認識,以及住家附近的環境有所認識;《返家十萬里》影片的觀賞讓學生體會家庭及生命的重要性;《快樂腳》影片觀賞,劇情中偶爾出現在海平面上的大型鐵殼船,於是波波決定查明真相,他要知道是什麼樣的生物帶走了大量的魚群;蘭陽博物館、漂流木國際藝術創作展等,在在都在告訴我們環境對人類的重要性。和學生說明完以後,採前一個活動的模式,再讓學生依照所分的組別再從各個文本中找出空白、斷裂、菁華的地方,結合成說明文體的故事,讓學生來討論、修改並演出。 第一組:將斷裂的部分銜接起來,例如: S:在《快樂腳》影片中波波他是一個天生的踢踏舞高手,每次他高興踏著舞步的時候,總是被族中的長老們冷眼對待,更有長老認為這是族裡漁獲減少的天譴之一。偶爾出現在海平面上的大型鐵殼船,於是波己也處在危險的環。環境被破壞對所有的生物來,都是很大的打擊。除了波坡為了環境被破壞而哭泣,其他企鵝也為環境汙而哭。 第二組:將空白的部分填補起來,例如:	7.規畫、組織與實踐。	2-2-1能培養良好的聆聽態度。 3-2-1-1在討論問題或交換意見時,能清楚說出自己的意思。 3-2-4-2能主動學習充實說話的內容。	角色扮演來敘述故事。 透過說故事的演出,讓學生體會環境教育的重要,並學習愛護環境。	能認真欣賞同學的演出。

		S：我們戶外教學實際參觀過蘭陽博物館和雕塑作品，同學可以將親眼看到的用說的方式傳達出，同時也可以想像自己是住這麼漂亮的房裡。第三組：表演菁華的部分，例如：S：在《穿紅背心的野鴨》文本中，野鴨鎮是一個愛鳥的小鎮，每年到了冬天，各種候鳥都喜歡到這裡來過冬。S：勇敢的 Amy 開著輕航機，帶著十五隻野雁飛往佛羅里達州的野生保護區，並且及時阻止這個地方的開發。					
成效檢討	（四）活動四：檢討成效 S：第三組表演的故事裡說：野鴨鎮是一個愛鳥的小鎮，每年到了冬天，各種候鳥都喜歡到這裡來過冬。S：經過這一次的表演還有討論，我們才知道原來我們都在破壞環境。S：雖然我們去過蘭陽博物館，也真的看過雕塑作品，可是第二組在說明時有，表情誇張、活潑，還有同學反應熱烈說出自己的所見所聞，真是熱鬧。S：第一組表演企鵝因為環境被破壞而哭，表演出來的動作很好玩。教師總結：大家都很努力的完成這次的討論與演出，真的好棒！成效檢討的部分也都說得不錯，後面還有兩個活動，期待大家會有更好的表現。	20	4.表達、溝通與分享。5.尊重、關懷與團隊合作。	2-2-1 能培養良好的聆聽態度。3-2-1-1 在討論問題或交換意見時，能清楚說出自己的意思。	5.藉由討論與演出，達到分工合作、互相學習、欣賞的目的。	能仔細聆聽、思考，說出自己的想法，並提出回饋與建議。

第三節　資料收集及其分析檢核

　　質性研究是指研究者針對自然發生的事件或現象，進行系統性的觀察與紀錄，將觀察所得的資料加以分析整理，並將結果予以歸納敘述的一種研究途徑。也就是研究者必須在自然的情境中，透過與被研究者密切的互動過程，透過一種或多種資料收集方法，對所研究的社會現象或行為，進行全面式的、深入式的理解。在質性研究的過程中，研究者必須融入被研究者的經驗世界中，深入體會被研究者的感受與知覺，並從被研究者的立場和觀點，詮釋這些經驗與現象的意義。質性研究特別重視參與觀察和深度訪談，以便取得相關的語文資料而形塑出一套理論知識。而質性研究的方法，乃指任何不是經由統計程序或其他量化手續而產生研究結果的方法。它可以是對人的生活、人們做的事、行為及組織運作、社會運動或人際關係的研究。（徐宗國譯，1997）所以其模式就可以約略為「經驗→介入設計→發現／資料收集→解釋／分析→形成理論→回到經驗」。（胡幼慧主編，1996：8-10）

　　質性研究法是實證研究的模式之一，屬於後詮釋的語文研究法性。它相對於量化研究這種「量化」取向的實證研究來說，特別重視參與觀察和深度訪談，以便取得相關的語文資料而形塑出一套理論知識。（周慶華，2004b：203-208）本研究的目標是理論建構與實務印證的歷程相配合，而實務印證運用到質性研究的方法。

　　質性研究涉及信度與效度的問題。在信度方面，隱含著外在信度與內在信度等雙重意涵：所謂外在信度，是指研究者在研究過程中，如何透過對研究者地位的澄清、報導人的選擇、社會情境的深入分析、概念和前提的澄清及確認、收集和分析資料方法的改進等作妥善的處理，以提高研究的信度；而所謂內在信度，則是指當研究者在研究過程中同時運用多位觀察員，對同一現象或行為進行觀察，然後再從觀察結果的一致程度來說明研究值得信賴的程度（而這些可以綜合透過三角交叉檢查法、參與者的查核、豐富的描述、留下稽核的紀錄和實施反省等來「確保」它的可信性）。（高敬文，2002：85-92）

　　在效度方面，量化研究的部分是指研究工具可以測量到正確答案的程度，或測量本身是否可以正確的反應研究者要探討的概念的真實意義，但在質性研究方面卻隱含著內在效度和外再效度等雙重意涵。所謂內在效度是指質性研究者在研究過程中所收集到的資料的真實程度以及研究者真正觀察到所希望觀察的。外在效度則是指研究者可以有效的描述研究對象所表達的感受和經驗，並且可以轉譯成文本資料，然後經由厚實描述和詮釋的過程，將被研究對象的感受和經驗，透過文字、圖表和意義的交互運作過程達到再現的目標。（潘淑滿，2008，92-97）

　　由於質性研究非常重視研究現象與行為對當事人的意義，所以研究者必須深入了解這些現象或行為對被研究者的意義為何。研究者在研究過程中所收集到的資料，無論是田野觀察日誌、錄影帶、訪談錄音帶或圖畫等，最後都必須轉化為文本形式出現；研究者透過資料轉譯，再進入資料分析階段。研究者在整個資料

分析的過程中，研究者必須放空自我，不斷讓自己和資料對話，也讓資料和理論產生對話，再由被研究者的立場和觀點了解資料脈絡的意義；而資料分析的主要目的是在龐雜的資料中，透過交互運作對照、比較與歸類的方式，抽取主題或通則，最後形成理論的建構。（潘淑滿，2008，23-24）雖然如此，作為一種方法論兼方法，質性研究法卻不可能如所「誇說」的那樣可以維護研究對象的獨特性和擺脫研究者的主體意識和價值觀的介入「干擾」。（周慶華，2004b：203-208）因此，這裡只能儘量以「高度合理」的方式來展現這一部分的歷程和結果。

在日常生活中，最常被用來了解周遭憑藉的方法，就是觀察、聆聽和接觸；而訪談就是在創造一種情境，讓研究者可以透過口語雙向溝通過程，輔以聆聽與觀察，共同建構出社會現象的本質與行動的意義，進而透過詮釋過程，將被研究的現象與行動還原再現。訪談是由英文 interview 翻譯而來，參與訪談的人透過口語或非口語的溝通方式，彼此之間相互交換思想與態度。Crabtree 與 Miller 將質性研究的訪談是為一種「對話之旅」，在對話過程中，研究者（或訪問者）與受訪者是一種夥伴關係，透過語言與非語言的溝通與情感的交流，達到對話的目的。質性研究的訪談是一種有目的的談話過程，研究者（訪問者）透過談話過程，進一步了解受訪者對問題或事件的認知、看法、感受與意見。（引自潘淑滿，2008，135-136）所謂「參與觀察」是指研究者進入研究領域，對研究現象或行為透過觀察的方式，來進行相關資料收集及對現象的了解。Morris 則將「參與觀察法」定義為「研究者為了了解一特定的現象，運用科學的步驟，並輔以特定的工具，

對所觀察的現象或行為，進行有系統的觀察和紀錄。」（同上，270-272）在研究中，我（施測者）與學生分別為第一及第二個參與觀察者，學校的同事則為第三位參與觀察者。

三角檢核法的基本假設是任何一種資料、方法和研究者均有其各自的偏差，唯有納入各種資料、方法和研究者時，才能「致中和」。研究者在考量採多種方法時，常常也考慮納入「量性」的方法（如普查統計、調查法、實驗法）；但由於「多元方法」的科學哲學上的取向為「尋求值得信賴的解釋」，而非實證主義的「否證（假設）原則」，所以多元方法及使用納入量性方法仍屬「質性研究」的範疇。（胡幼慧，2002：271-272）

研究對象是研究者所「選」與所「觀」的，而整個訪談的過程和最後的分析詮釋，也一再受到研究者的「設定」和「前結構」的制約，根本沒有所謂的「客觀性」和「純粹性」可以標榜。（周慶華，2004b：203-208）本研究間採用實證研究的方式，配合實際教學活動，來驗證本理論建構的成效。如此，當可降低對於本研究客觀性不足的存疑，也可以提升本研究的可信度。而本節是將實務印證的各項資料進行收集、編譯以及分析，透過這些檢核的資料來印證本研究理論建構的成果。

就質性研究者而言，研究就是探索人類日常生活社會世界的過程，而人類的社會世界則是由不斷的互動與溝通所建構而成。通常，透過質性研究所收集到的資料，往往可以依其形式區分為文本與非文本資料兩種形式。所謂「文本資料」是指研究者透過訪談、觀察或文件檔案，所收集到的資料或紀錄；而「非文本資料」則是指研究者透過研究過程，所收集到的聲音或影像資料。（潘

淑滿，2008：319）在質性研究方面，資料的收集與分析是兩個重大的項目，因此資料的收集和分析，與理論的發展是彼此相關、彼此影響的。（徐宗國，2005：25）質性研究資料的收集方式，主要為經由研究者的「觀察」、「錄製」、「訪談」三種方式取得，每一種方式也非固定的程式，研究者仍有相當程度的選擇。（胡幼慧，2002：151-152）

在質性研究分析的階段，第一步研究者要將不同方式所收集到的相關資料，轉譯成文本資料，以便進行下一步的資料分析工作。然後，在交互運用備忘錄、編碼及情境策略於分析工作上。所謂「備忘錄」則是研究者在資料分析時，應該不時撰寫備忘錄，備忘錄不僅能捕捉分析時的想法，同時也可以進一步刺激思考。所謂「編碼分析」是研究者打破既有的規則，將資料重新分類，以便在不同類別中進行比較，從而發展出理論概念。「情境策略」則是根據情境來了解資料，並將資料中相關要素給予串連，最後發展出一整體的關係。（潘淑滿，2008：130-131）

資料的分析是指有系統性的收尋及組織研究中收集資料的過程，以利於增進研究者對資料的理解與發現。研究資料分析的步驟是針對教學現場中與研究相關的材料資訊，將資料先行轉譯、閱讀、編碼及不斷的反思與校正，並尋求客觀與變通的解釋，進而撰寫研究報告。（徐宗國譯，2005）綜合以上的說法，我先將所收集的資料作整理與歸納，然後依所建構的理論作相互的印證，來檢視研究的成果。

（一）資料轉譯：在研究過程中我將收集來的文本與非文本資料，一一轉為文字的資料，包含第一觀察者的觀察

　　紀錄、第二觀察者的前後測學習單、第三觀察者的訪談紀錄、實際教學所錄製的影音資料等，依據這些檢核的資料來和本理論互相印證。

（二）資料閱讀：先將轉譯的資料閱讀並吸收，依據資料所呈現的訊息了解學生對教學活動的學習情形。

（三）資料編碼：重新分類收集的資料，藉以進行比較，作為參考依據。

（四）反思與校正：秉持客觀的態度來看待資料所呈現的狀況，依據資料所顯現的訊息，以開放的態度接納不同的意見並加以改善，完成一個有實際成效而且可以供別人參考的研究。

（五）研究報告撰寫：我將有關橋樑書與寫作結合在寫作教學上的應用的理論建構、寫作教學過程的觀察、第一觀察觀察紀錄、學生的前後測學習單資料與第三觀察者的訪談紀錄等，整理出研究發現與結果，撰寫研究報告。

　　為使本研究更有效度，以三角檢測法來作交互的印證，依據實施過程的訪談紀錄及觀察紀錄、前後測問卷等來實施三角檢測。由第一觀察者、第二觀察者、第三觀察者三方面來作檢測。第一觀察者由我來擔任，在研究中寫作教學活動進行的觀察紀錄、資料的檢視與整理，以及課程內容的調整、課程結束後的訪談等；第二觀察者在課程進行前後實施的前、後測了解實際的學習情形；第三觀察者由學校的同事來擔任，負責觀察教學活動的進行，並提供改進的意見。

接下來依據實際教學活動學生作品呈現及說明。藉以提高本研究的信度與效度。

（一）前測學生的作品

S2 作品：

心情寫真
媽媽哭的時候
就像下了大雨
淅瀝嘩啦
爸爸笑的時候
就像一隻可愛的小貓
喵喵喵喵

S1 作品：

我喜歡
我喜歡同學的鉛筆盒
那裡面
有各式各樣的彩虹筆

S4 作品：

如果可以
如果可以
我要像老鷹借翅膀
在天上
飛來飛去

S3 作品：

毛毛蟲
毛毛蟲爬呀爬
爬到一顆蘋果樹
毛毛蟲爬呀爬
爬到一個小樹洞
毛毛蟲爬呀爬
被一隻大腳踩死了

　　小孩是天生的詩人，寫詩是最自由的，讓孩子去想去說，沒有標準答案。學生們靜靜的在樓梯間、牆壁上、鞦韆前、樹下、操場，記下自己的感覺，他們只會用最淺白的字句寫出想說的話。也許學生對於寫詩覺得很好玩，因為老師沒有內容多少的限制，還說一行也是詩耶！

　　S6 作品：

請到我的家鄉來
我的家鄉在臺灣省臺東縣海端鄉廣原村錦屏部落。我的家鄉有樹、有草、有花真美，好像是用彩色筆畫的，春天的時候把大地點綴的多鮮豔。我喜歡綠綠的樹，因為對眼睛非常好；我喜歡小草，因為小草上會有各式各樣的昆蟲；我喜歡花，因為有不同顏色的花。在海端博物館陳列的東西，是以前原住民的祖先留下來的，裡面保留原住民以前用的東西，我還看到同學的阿公在電視上的演出？還讓我

知道原住民怎麼捕捉動物多麼厲害。射耳祭是原住民最大的活動,因為以前一定有射耳祭還有表演,每次我在看的時候都很好奇他們是怎麼編的。我非常喜歡我的家鄉,我要讓大家知道我的家鄉很熱鬧請到我的家鄉來。

S5 作品:

我最感謝的人

　　我最感謝的人是我的家人,因為我想要什麼東西我的家人都會送給我很奇妙的禮物。記得有一次,我跟爸爸媽媽、哥哥、姊姊、姐夫、大嫂、二哥、二嫂,一起過我的生日,那時候我才二年級,姊姊送我的是可愛的洋娃娃我我非常的喜歡,大哥給我五百塊、大嫂給我一百塊、二哥送我腳踏車、二嫂送給我的是女生最喜歡的裙子,我就跟我的爸爸、媽媽說:「我的禮物?」就回答說:「為什麼要送你禮物。」我就一直吵著不要開玩笑了,趕快把禮物交出來喔?

　　我還要感謝一位我的家人就是二姐雅萍,因為我記得那時候我才二年級,我、二姐和二姐的男朋友一起去桃園小人國玩,我們還路上迷路了呢!

　　因為姐姐他們太久沒有去玩了,所以我們才會迷路,然後我們就玩一玩水就回來了。這是我最難忘的回憶。

　　我喜歡我的家人,將來有一天我長大了我也要好好的報答他們。

S10 作品：

我最想去的地方

　　我想去泰國，因為泰國是「千佛之國」也是「白象之國」。在泰國到處都能見到廟宇，每一座都華麗莊嚴。我想去的地方是泰國，因為泰國有「白象之國」之稱。大象是我們最好的朋友，不但供人乘騎，還幫人們拖曳重物，的還表演跳舞，甚至畫畫呢！

　　老師說：泰國已有七百多年的歷史和文化，在悠長的的歷史中，泰國不斷吸收外來文化及移民。泰國當地居民其實是由多種民族組成。泰國屬熱帶性氣候，全年三季分明：三月至五月為夏季、六月至九月是陽光充沛的雨季、十月到隔年二月是為清涼季節。

　　老師說：泰國人生性寬厚，溫和有禮的泰國人在見面時不是握手說哈囉，而是合掌說聲「莎娃滴卡」，很有意思。老師說：合掌問候的方式，就是把雙手提到胸前，形狀好像一朵含苞待放的蓮花。

　　聽老師介紹這麼多泰國的風俗民情，泰國是我最想去的地方，有一天我長大了，我一定要親自拜訪我最想去的國家。

　　敘事文體就比較容易發揮，因為學生小時候在家聽父母說故事，或在學校聽老師說，所以要他們寫作簡單多了；但學生本身看的課外讀物較少，所以優美詞句或成語詞句運用的較少，內容大多平實欠流暢。

S9 作品：

電腦與我

到了三年級，學校開始有電腦課，剛開始，電腦老師為了讓我們熟悉一下電腦，就讓我們玩一下接龍或其他遊戲，之後就教我們一些程式的運用，例如打字、虛擬光碟等等。最令我印象深刻的電腦課程，就是可以用小畫家畫圖，非常好玩。

S7 作品：

電腦與我

現在，我們的時代一天比一天發達，使的我們的生活過的更好，這一切都歸功於電腦，因為電腦使我們的生活帶來便利，也使我們的生活變得妙。電腦真的很方便，而且，電腦的功能很多，例如每次，我有任何的問題時，只要上網一查，馬上就可以找到我所要的答案了，我真正喜歡電腦的原因是有很多好玩「遊戲」，這些遊戲，常常使我忘記了時間，而被媽媽罵呢！但是我對電腦的熱愛，還是不會改變的，因為我真的非常喜歡電腦。

S8 作品：

電腦與我

電腦，的確真的很棒！既然能夠那麼的便利、又這麼的好玩。總而言之，電腦實在是有夠的棒！所以我們不能夠失去電腦這東西！因為電腦是我們不可或缺的生活用品。

說明文體寫作對學生來說比較難，從作品中可以看出內容較短，表達的東西較少，還有很多學生不知如何下筆；而且他們最怕的就是寫論述類的文章。

（二）實施過程觀察紀錄

國語科教學，寫作課佔了極為重要的地位，以前這些學生也寫過文章，也寫過童詩，也寫過說明文體；不過寫作對他們來說還是有些的困難，所以學生對這學期所安排的寫作教學一系列活動很期待。在活動進行以前，我先將這學期要教的三種文體簡單對他們敘述完，然後再陸續進行各項教學活動。

由於班上的學生是四年級，要讓他們自己完成寫作比較困難，所以我先將書本或單篇文本讓小朋友閱讀，再由他們各組自行討論，覺得不妥當的地方可以作修改，然後再分配角色演出。對於討論的活動學生顯得熱絡，但是在討論時有些組員也會有爭執，所以愈討論愈大聲；另外有的學生在討論時好像事不關己，並不專心參與討論，有些學生又顯得太興奮，所以上課的秩序有些失控。等學生討論完，接著便是各組期待的寫作的時刻了。

> 請同學朗讀完了童詩後，針對今天的童詩提出自己的看法。我讓學生了解這次的討論活動有什麼優缺點，並提醒他們下一次的活動要注意並作修正。童詩內容活潑有趣，所以學生討論熱烈，很快的引導學生找出童詩中的菁華、

空白和斷裂。對他們這一次的活動表達肯定與鼓勵，期望他們下一次有更好的表現。

（觀一摘 012/03/28）

你們班的學生很活潑，有的學生可能是對文章特別感興趣，所以很認真也很熱衷參與討論，基本上來說是很團結的。不過，有幾個並不是很專心，大家在討論時他們一直在玩，要多提醒他們一下，這樣下次討論時或許會比較好。

（觀三摘 012/03/28）

第二個活動是故事文體，學生喜歡聽故事，以《沙灘上的琴聲》這本繪本帶入，因為裡面的角色是有關大白鯨及海裡的生物，所以每個人都要熱烈地說著自己曾經在海洋博物館所看的的鯨豚。這次他們想要畫海底生物，畫圖是小朋友的最愛，接著他們開始討論起要如何下筆。這一次的討論各組都有記住上一次的缺點，所以在秩序上有進步了許多，不過仍有一小部分的小朋友不夠專心。圖畫完以後，開始寫作。我同樣讓學生了解在這次的活動有什麼優缺點，並提醒他們在下一次的活動要更加注意，不可再犯同樣的錯；同時也對他們一次的活動繼續給予肯定及鼓勵，並且期望他們在下一次的活動中表現好。

（觀一摘 2012/4/19）

這一次比上一次好多了，可能是有經驗了吧！不過還是有少數幾個不合群的小朋友，還是要多提醒他們。他們

剛才畫圖的過程中，有一些些的爭執，不過有一組表現
得不錯。

（觀三摘 2012/4/19）

第三個活動是說明文體的討論，拿出〈穿紅背心的野鴨〉
文本，提問說明文本的特性，學生也能踴躍說出自己的看
法。先前已經有過兩個活動的經驗了，所以討論也比較快，
各組很快的就找出文本中的菁華、斷裂、空白處。討論了
優缺點，肯定他們一番，叮嚀他們在最後一次的活動中要
做得更好。

（觀一摘 2012/5/14）

大致上大家的表現都很棒，而且是一次比一次還棒。加油！
相信下次如果有機會，一定會有很棒的表現。

（觀三摘 2012/5/14）

（三）後測學習作品與訪談

S2 作品：

下雨天
希哩嘩啦希哩嘩啦
下雨了！下雨了！
一滴雨從天上飄下咚！的一聲
所有的雨跟著落下
媽媽說：「太吵了」

我倒是很喜歡聽

因為我覺得雨從天上落下來

就像生命的交響曲

S1 作品：

河流

一條小河流

經過森林裡

經過小村莊

和大海會合

走過全世界

有些變成自來水

給人類使用

有些變成雨水

給大地使用

S3 作品：

走在山坡上

和同學走在山坡上

山坡上有好多好多的小蟲

還有被雨水沾到而亮晶晶的蜘蛛網

這兒的空氣真是新鮮啊！

和同學走在山坡上

我看到了一片蘆花

一片白茫茫的蘆花

我問他：你看過海嗎？

它便把小河填滿

啊！我看到波濤洶湧的蘆海

和同學走在山坡上

我看到一棵大樹

我問它：你知道秋天來了嗎？

它便把身體染紅

啊！我看到一片紅紅的樹林

和同學走在山坡上

有樹、有花、有石頭、有昆蟲

我們可以靜靜的觀察

千萬不要把它帶回家

S4 作品：

我愛春天

春天來了

春天來了

翠綠的嫩葉長出來了

春天來了

春天來了

五彩繽紛的花朵開放了

春天來了

春天來了

森林的綠　火紅的花

都是春神留下來的足跡

一連串教學活動，學生很快進入詩的世界。在教學活動中，指導孩子們用眼睛觀察環境，把風吹、雨滴到手上或在走在山坡上的感覺，轉成詞語寫到紙上。在教學過程中保留很大空間，讓學生們勇於表達自己的想法。而在創作的同時，學生思考和感覺需要時間等待，當作品完成時請學生自己朗讀，想像自己是一位小小詩人。就這樣一首一首很棒的詩產生了。

S6 作品：

大雨過後

一起床，就從窗戶看到外面下著傾盆大雨，於是我就待在家裡，等雨停在出去玩。

雨停了，我衝出去，哇～！好漂亮！水珠在葉片上，被陽光照的閃閃發亮，好像一顆顆的小珍珠，我翻開樹葉，看到有好多隻蝸牛都在葉子下，呱～呱～我聽到這個聲音，就馬上翻開倒在草叢的椅子，哇哩勒！有兩隻青蛙，好小隻，不容易發現。我又跑去了學校，嗚啊！水池的水爆滿！

還有魚和蝌蚪跑出來，我以超快的速度衝向鞦韆，坐上去，我就用力的盪，盪的好高好高，因為這樣才可以看到遠方的風景。那裡的風景真美麗呀！

美麗像一幅畫，太美了，美到極點！

我一直玩，玩到快傍晚，正要回去時，一轉身，看到

一幅美景～！美的像一幅畫，是傍晚的彩虹，好漂亮！看到這幅美景，真的好感動，真的是太美了，看完之後我也依依不捨的回家。今天真的好快樂，到現在我還掛念著那幅美景。

S5 作品：

好玩的體育課

　　叮噹～～！上課了，終於可以上我愛的體育課了，今天的單元是大家都喜歡的足球。

　　每個人排隊，拿了球就去聽老師的講解，老師教我們的踢法有：內側、外側、腳掌、腳背等等，後來我們就兩人一組隊踢，我是跟古雅蓁一組，我們兩個老是踢歪，我們撿球的次數比踢球的次數還多，嘻嘻嘻！好丟臉喔！我說：「我發飆了！！」我就用力踢，碰！球飛的好遠……好遠，我大聲歡呼，終於把氣發洩出來。下課時我還是一直踢足球，因為我要提高我自己的踢球技術，可是踢到一半我的腳就超痛，我的右腳好像抽筋，用力時會很痛，於是我就用左腳踢，沒想到能踢很遠，我真是太強了，哈哈哈……

　　我真是佩服自己，連別人都嚇到，我真是黃金左腳啊！

　　體育課的好處就是可以讓身體變得很健康、強壯，因為我們都有運動，我之所以喜歡體育課是因為運動可以減肥，因為我太胖了。大家一定要常常運動喔，不然會跟我一樣很胖，要記住喔！

S10 作品：

樂樂棒球比賽

　　今天一大早，天空有一點灰濛濛的，我馬上跑去學校做軟身操，因為今天要到初來國小參加樂樂棒比賽。7：30 分老師馬上叫我們「打樂樂棒的同學下來川堂」，準備吃早餐，我們猛吃，因為時間要來不及了，吃完馬上衝去「初來。」

　　我們到了那裡，第一場是「錦屏」PK「初來」，我們第一場差了一點點就輸了，可是王嘉富一直打出全壘打，結果我們反敗為勝。第二場我們是和地主隊廣原對打，我們嚇的屁股尿流，是不是我們太驕傲了？後來我們連續好幾場都輸，可是我們和崁頂打差一點就贏了，結果還是輸。當加拿和霧鹿爭奪冠軍賽時我們去幫霧鹿加油，可是霧鹿輸了，但是還他們還要比一場老師就叫我們要回去學校了。不知道最後的結果會如何。

　　今天真是充實的一天。

　　學生的作品可以看出一篇比一篇精采，整篇文章的內容加深加廣切合主題，段落分明且詞句運用優美生動活潑，還可以從文章中發現學生會使用「譬喻」或「擬人」的修辭。〈在大雨過後〉作品中還可以看出作者寫自己和大自然多方的互動情形。

　　S9 作品：

禁菸

在生活上看到許多年輕人和大人在抽菸，我覺得這樣事不好的事為什麼？第一，抽菸會汙染空氣；第二，抽菸會讓我們得到口腔癌和肺癌；第三，抽菸會讓你的家人及朋友擔心，甚至嚴重的話會家破人亡。今天下午的活動在宣導抽菸，對身體不好，當然每一個人都嚇的雞皮疙瘩，都不想靠近，所以大家一起來戒菸才不會汙染到臺灣新鮮的空氣。大人年輕人一起來禁菸，你們的健康長長又久久，更讓你們的小孩子學習你們的好榜樣，以後長大也懂得禁菸讓生命及生活獲得最大的保障。大家來禁菸健康會久久，大家少抽菸性命財產就會久。

S7 作品：

禁菸

　　在生活上看到許多人在抽菸，我覺得是不好的行為，因為抽菸不但會讓我們生病，還會造成許多家庭傷心難過。記得有一次我和媽媽帶阿公去臺東慈濟醫院看病時，看到一個老先生躺在加護病房裡，只在床上一個人靜靜的發呆，後來一個護士阿姨就說：「那個老先生他得到了肺癌。」這時我領悟了一件事，原來菸也是毒品的一種。

　　還記得有一次電視報導，有一個年輕人抽菸，不知道怎麼了就被送到醫院，我也終於了解為什麼不能抽菸了。因此，為了改善這種現象，每個地方都在舉辦禁菸活動。禁菸活動變得十分重要，因為禁菸至少有三個好處：（一）

可以保護身體和性命讓健康長長久久；（二）可以避免因為抽菸帶來的禍害而跟著去傷心難過；（三）可以降低社會成本，讓社會更加安定更加和諧。既然禁菸有這麼多好處，我們從小就要養成這個觀念，長大之後才不會被菸神盯上，變成愛抽菸的人，惹禍上身。如果不懂的禁菸，未來就會被菸淹沒無法脫身。要知道多一分了解少一分傷害，是一個顛撲不破的道理。而戒菸要養成習慣，需要相當長的時間累積才有效。我們要告訴自己周遭的家人，要下定決心跟菸神戰鬥，要為我們小孩著想，愛惜自己的生命；不要因為大人愛抽菸，讓我們生活在恐懼害怕之中。「大家一起來戒菸，健康自然會久久，多一分了解少一分傷害。」

S8 作品：

禁菸

當我看到許多人在抽菸時，我就會想，抽菸能讓自己得到真正的快樂嗎？當我看到家人在抽菸時，我就會很難過，因為抽菸對身體不好，容易得到一些癌症；而且你抽菸，害了自己，也害了人，所以不要抽菸，抽菸對你沒益處。菸裡面有尼古丁、一氧化碳、焦油和一些致癌物，這些都對身體好，大人小孩都不可抽菸。抽菸會破壞地球！如果每個人都抽菸，地球很快就不見了，地球不見了；我們住哪裡？我也希望商店不要再賣這些東西。如果村莊裡的商店不賣這些東西，這個村莊空氣就會很好，所以不要賣菸也不要買菸。

　　寫作中最難寫的說明文，經過了一連串教學活動，學生不再那麼害怕，而是在文章中提出自己很多的想法，還會運用很多的疑問句自問自答，也會針對題目提出自己的看法。如在〈禁菸〉作品中，作者會用事例來說明吸菸的害處，真的很棒。

　　每個小孩都喜歡聽故事，學生在耳濡目染下，對故事、敘事文體比較不陌生。由於多數的學生都有聽過故事的經驗，而這裡有些文本是班級指定閱讀的書籍學生多數已看過，尤其是在作海洋教育教學時學生已看過《沙灘上的琴聲》文本和〈海豚救難記〉文本，所以學生很快的在文本中找出將菁華、空白、銜接處。海洋教育教學的主要目的，除了讓學生了解鯨魚、海豚的生活習性外，以及人類對海洋生物所設置的保護措施。海洋教育是這些年來興起的議題，透過橋樑書教學寫作活動讓學生對海洋教育有更多一層的認識，並學會保護海洋生態及尊重生命。最後綜合學生的答案是：不要亂丟垃圾，不要破壞美麗的海洋；要愛護環境，保護地球和大自然。

　　經過一段時間教學，學生學習了各種文體，學習結果得知，學生對於老師介紹的各種文體有了較清楚的概念。例如我們讀了〈公雞生蛋〉這首詩，請小朋友閉上眼睛，腦海裏就想起母雞咯咯咯地要生蛋的形象。讀了第一節時，腦海裏就會浮現出大公雞叫生蛋的情況，那是一幅可愛、可笑、新鮮又有趣的情景。〈我愛青蛙呱呱呱〉，讓孩子在琅琅上口的同時，也能自然的進入想像的世界。童詩除了有豐富的詩趣之外，其實也是修辭教學非常好的教材，形容詞、動詞、疊字詞、誇飾、事件的描述，其中變化的面向非常多。我們可以引導學生在寫作上有更大膽更開闊的嘗

試，是老師在教學時可以兼收朗讀、演說與寫作三大功能的最佳教材。從學生的作品中〈走在山坡上〉「我問他：你看過海嗎？它便把小河填滿啊！我看到波濤洶湧的蘆海。我問它：你知道秋天來了嗎？它便把身體染紅。啊！我看到一片紅紅的樹林。」這樣自問自答詩句，可以明顯的看出小朋友有著，豐富的想像力，而且創意無限；而菁華的延伸可從作品中展開來。再如〈大雨過後〉「水珠在葉片上，被陽光照的閃閃發亮，好像一顆顆的小珍珠，我翻開樹葉，看到有好多隻蝸牛都在葉子下，呱～呱～我聽到這個聲音」、「正要回去時，一轉身，看到一幅美景～！美的像一幅畫，是傍晚的彩虹，好漂亮！看到這幅美景，真的好感動，真的是太美了」，這整段的文章中可以發現學生的敘述力變強，正好可以讓文章作斷裂的銜接。再如〈禁菸〉「要知道多一分了解少一分傷害，是一個顛撲不破的道理，而戒菸要養成習慣，需要相當長的時間累積才有效。我們要告訴自己周遭的人，要下定決心跟菸神戰鬥，要為我們小孩著想，愛惜自己的生命；不要因為大人愛抽菸，讓我們生活在恐懼害怕之中。「大家一起來戒菸，健康自然會久久，多一分了解少一分傷害」，作品中可以看出學生的組織能力變強，可以作空白的填補。

（四）訪談紀錄

　　研究者：在童詩教教學活動中，你學到了什麼？

　　S1：可以欣賞別人的童詩作品。

　　S4：可以自己創作童詩。

　　S6：童詩作品一起分享很開心。（訪摘 S1. S4. S6 2012/3/30）

研究者：故事文體《海豚救難記》文本中，你學到了什麼？

S10：閱讀完了文本，我才知道原來我們人類都在破壞環境，真是不應該。

S2：原來海豚這麼可愛。

S4：每個人都要愛護動物。

S9：希望能像文本中的老太太一樣有愛心，也希望像鎮民一樣愛護野鴨。（訪摘 S10. S2. S4. S9 2012/4/25）

研究者：看完了《企鵝寶貝》影片，你學到了什麼？

S3：影片中的企鵝是跳踢踏舞高手好羨慕，如果有機會我也要學。

S5：讓我知道原來企鵝是住在零下 40 度的冰天雪地。

研究者：三種文體活動都結束了，你有什麼想法？

S1：我很愛看故事書，也很愛說故事。希望下學期時老師還可以找更多精采的故事，介紹給我們聽。

S8：我覺得聽故事或影片欣賞很好玩，雖然在討論時有人不專心，但是大家都很快樂，這次的活動讓我學到很多東西，尤其在寫作的能力變強了，不再那麼害怕寫作了。

S3：希望下學還有類似的活動。（訪摘 S1. S8. S3 2012/5/16）

　　寫作時不知該如何下筆的很大因素，其實就是經驗的不足，雖然體驗不足，可以透過各種文體來嘗試甚至深入，而且在靜態的寫作課程中加入一點動態的演出、肢體的語言來帶動腦袋的思考；更甚者團體的分享與交流，不啻也是一種經驗訊息的傳遞、互換與交流溝通。我想在經過這一連串的文本討論、影片欣賞、或親身經歷一場森林博物館體驗的實際踏查，腦袋思考與言語表

達……等一連串的活動後，必定能讓學習者在這中間找到寫作的樂趣、情緒的抒發以及群體活動所帶來的同儕信任與成就感。這都是本研究結合橋樑書來從事寫作教學最大的目標與帶來的效益。

表 7-3-1　資料編碼表

（一）童詩創作

資料類型	對象	時間	紀錄方式	編碼
觀察	全班	2012/03/28	摘記	觀一摘 2012/03/28
觀察	第三觀察者	2012/03/28	摘記	觀三摘 2012/03/28
訪談	全班抽樣	2012/03/30	摘記	訪摘 S1.S4.S6 2012/3/30

（二）敘事文體

資料類型	對象	時間	紀錄方式	編碼
觀察	全班	2012/4/23	摘記	觀一摘 2012/4/23
觀察	第三觀察者	2012/4/23	摘記	觀三摘 2012/4/23
訪談	全班抽樣	2012/4/25	摘記	訪摘 S10.S2.S4.S9 2012/4/25

（三）說明文體

資料類型	對象	時間	紀錄方式	編碼
觀察	全班	2012/5/14	摘記	觀一摘 2012/5/14
觀察	第三觀察者	2012/5/14	摘記	觀三摘 2011/5/14
訪談	全班抽樣	2012/5/16	摘記	訪摘 S1.S8.S3　2012/5/16

── 第八章　結論

第一節　相關理論建構與實務印證的結果

　　閱讀是自學的工具，身處於爆炸性的時代，唯有掌握閱讀的技能，才能妥善運用目不暇給的訊息。前教育部長曾志朗也說過：閱讀的敘事力量，能整合孩子的表達與想法。而且現在網路世界裡，思考日趨圖像化、零碎化，閱讀此刻顯得更重要。（曾志朗，2000）但是對中年級的學生來說，要直接閱讀文字書似乎顯得較為吃力，而繪本對他們來說，文字量卻又太少，那麼該如何在這個學習階段讓他們能夠吸收多一些知識？這時候橋樑書正好適合中年級學生的閱讀。橋樑書的設計是以學生的生活經驗為主題，文類的選擇具多元性，而且又能切合學生的生活需要，對於剛進入文字閱讀的學生是合適的。本研究的目的在探討教學活動中，將橋樑書與閱讀作結合，然後運用在寫作教學上，進而提升寫作教學的種種效果。本研究經由理論架構的鋪陳，並以實務作印證，期望以橋樑書與寫作作結合，運用於寫作教學活動中，提升寫作的能力。所用到的研究方法包括「現象主義方法」、「社會學方法」、「基進教學理論」以及「質性研究法」等。本研究的範圍包括：橋樑書的源流、從舊橋樑書到新橋樑書、橋樑書與寫作教學結合

的契機、橋樑書與寫作結合的向度、橋樑書與寫作結合的具體作法以及實務印證與成效評估等。希望以此研究的成果，提供教學者提升寫作教學的成效，增進學生寫作的能力，並可以給予語文政策擬訂參考的資源。

在第一章將研究目的、方法和範圍設立後，第二章就先檢討相關的研究成果。

許多人粗淺的想法會以為「橋樑書」是指圖畫與文字的數量介於繪本和文字之間，在本研究中所講的橋樑書，其實是指「新橋樑書」。「新橋樑書」的定義很廣，只要是適合學生閱讀的讀物，都可以稱為「橋樑書」。「新橋樑書」編製的教材貼近孩子的生活經驗，以簡單的故事概念與思維邏輯，運用簡單的句型及語彙構成故事；有時以反覆的句型及文字韻律與幽默感啟迪思維，讓孩子學會欣賞文學美感，體會文學傳達的人生哲理，教材貼近孩童的生活，教材發展更細緻靈活、有趣，兒童的學習呈現多元的面向，對兒童知識的吸收將會有更大的效果。鼓勵兒童閱讀可以提升他們的閱讀理解能力，引導兒童獨立閱讀的興趣，閱讀能力提高了，兒童的信心就來了。但是要達到兒童的學習目標，還可以以寫作教學的方式來達成。將「新橋樑書」帶進寫作教學活動中，藉由活動的實施引起兒童對閱讀產生興趣，訓練表達的能力，提升寫作的技巧，如此橋樑書的功能才達到最好的發揮。此外，閱讀習慣的養成，需從培養閱讀的興趣開始，兒童的閱讀如果遇到阻礙，會讓他對閱讀提不起勁，失去學習的意願。橋樑書的教材來源多元化，不再侷限於紙面文本，提高兒童學習的興趣和意願，學習效果因此而大大提升。寫作活動能有效提升兒童的學習興

趣,將橋樑書的故事帶入寫作活動中,選取的教材讓兒童有感同身受、回味無窮的記憶,如此不僅能提升兒童的文學能力,還透過故事的演出討論,教室提供了充分的情境練習機會,加強學生寫作能力的運用。教師在課程中融入寫作活動,對學生而言是一個新鮮的嘗試,而且課堂的學習會呈現活潑輕鬆的氣氛,充分發揮學生的創意,達到教學與學習的效果。

第三章談的是從舊橋樑書到新橋樑書。兒童在不同的年齡有不同的認知與發展,橋樑書最主要的目的就是增加學生的閱讀量,擴充經驗以及彌補制式教材的不足,是一種介於圖畫書和文字書間的一種圖書類型。但是好的「橋樑書」並不只是一種文字比繪本多,圖畫比繪本少,或者只是在原來的文字上增加一些生動、有趣的圖畫而已,好的「橋樑書」應該是一種考量不同階段的兒童的需求所設計出來的讀物,這樣的讀物能夠幫助孩子從師生共讀、親子共讀進而跨到獨立閱讀,並且還能幫助孩子逐漸適應字數較多、篇幅較長的文字書。

新橋樑書的教材來源多元化,選編教材時要使內容能夠生動活潑,並依孩子的學習情況,符合學生的生活經驗。所以教學者本身要先去認識這些橋樑書的內涵,然後再去善用、搭配這些橋樑書,才能更加豐富新橋樑書的內容和功用。也因此,橋樑書適用的對象必須根據學生年段編撰,大略估計學生的需要,讓閱讀融入生活,廣泛閱讀傳單、報紙、雜誌、小說,讓學生閱讀自主性強,喜歡安靜閱讀、自己選書,目的就是達成從閱讀中學習。我們都知道閱讀和語文能力,是學會學習的重要媒介,學校不單是要培養學生看得到的能力,還要培養看不到的思考能力,所以

我認為好的橋樑書是學生能力提升閱讀的關鍵。

　　坊間的橋樑書以文類為依據，「新橋樑書」優於「舊橋樑書」是因為它不再是由一個出版社來編輯書籍，它可能是專書，可能是單篇文章或影像，也有可能是聲音，它不再只是一個紙本的橋樑型態；它可以是靜態的文本，也可以是動態的文本。教材來源多樣化，學生透過多種教材來學習，在有趣的氣氛中，將有助於學習者提升學習動機。

　　新橋樑書以文類、學科、學派以及文化型態來作為編輯的依據，並以主題或議題的方式呈現。九年一貫課程以學生為主題，以學生的生活經驗為重心，新課程強調學生的學習除了包含學科知識與技能之外，也要能充分反應當前社會重要的關注議題，將橋樑書與各大議題作結合，編製適合學生的學習教材。

　　橋樑書涵蓋多種文類，如紙面文本、視聽文本、網路文本，以及藝術動、靜態文本，都可當作教材資源。目前出版社出版的橋樑書雖然有部分是翻譯自國外的橋樑書，但臺灣目前本土創作的也不少，而且夠貼近兒童的生活經驗，教學者可以先理解橋樑書的內涵，給孩子的生活經驗將它們妥善的運用在教學中。紙面文本的取得非常容易，孩子的識字量夠多，學習起來非常方便。（李麗琴，2012：68-69）目前視聽教材普遍，而且兼具聲光、視覺效果，孩子學起來興趣加倍，更能加強學習效果。而現今網路發達，通訊方便，科技也一日千里，網路資源更加豐富，透過網際網路可以改進教學方式，讓教師們分享彼此的教學經驗與資料，也可以讓學生在不同時間、不同地點學習相同的課程，家長和老師更可以透過網路共同來關切子女的學習與成長。因此，教學者

更要慎選適宜兒童學習的教材來編製教學活動，達到學生學習的目標。藝術可以結合聲音、圖形、動畫、文字，成為多媒體動態或靜態的文本，產生新文類。新橋樑書的編輯方式透過紙面文本、視聽文本、網路文本以及藝術動、靜態文本等多方面呈現，使教材的發展更為靈活、課程更細緻更活潑更有趣。

　　第四章所談的是橋樑書與寫作教學結合的契機，首先探討的是從既有的橋樑書與閱讀教學的新開展。「新橋樑書」以文類、學科、學派、文化型態作為編輯的依據，並以主題或議題的方式來呈現。九年一貫課程以學生為主體，以學生的生活經驗為重心，新課程強調學生的學習除了包含學科知識與技能之外，也要能充分反映當前社會重要的關注議題。將新橋樑書與各大議題作結合，可以編製適合學生學習的教材。「新橋樑書」涵蓋多種文類，舉凡紙面文本、視聽文本、網路上的資源，以及藝術方面動、靜態文本，都可以當作教材資源。教材來源多樣化，學生透過多種教材來學習，在有趣的氛圍中，將有助於學習者提升學習動機。其次探討的是橋樑書可以提供寫作教學所需豐富有用的教材。新橋樑書的特性有增加閱讀量、擴充經驗、彌補制式教材的不足。故事的特性可以轉化、擴充生活經驗、強化美感、同儕間互動／相互觀摩學習。有些學生由於閱讀刺激不夠，認得或會寫的字不夠多，看起書來就缺乏耐性、感覺吃力，以至於興趣缺缺。「新橋樑書」的教材在編製時，教材內容可以來自四面八方，依據學生的特質與需求，選擇的教材更活潑，更貼近學生的生活經驗，讓學生能感同身受。運用故事化教學，故事的取材非常容易，故事活動結合兒童的生活經驗，拓展到各個學習領域，讓兒童能有多

元能力的發展。藉由活動進行讓兒童學會分工合作、互相討論，也可以彼此幫忙、學習、相互鼓勵，提升每個人的自信心。最後探討的是寫作教學的觀念啟迪能夠由橋樑書得到刺激。說話能力在入學後作為主要的溝通表達媒介，影響著學生學習、溝通的效果。將「新橋樑書」與寫作作結合運用於寫作教學上，可以強化學生的寫作能力，彌補制式教材的不足，擴大經驗範圍，增加學生的學習量，彌補教材太難或太容易的缺陷。在寫作教學中，學生透過表演活動增進學習的功效；學生從角色的扮演與課程的討論中，體會溝通、合作與相互學習的重要。將「新橋樑書」與寫作作結合將二者的特性完全展現出來，運用在寫作教學上可以達到最大的學習效果。

　　第五章橋樑書與寫作教學結合的向度，談的是橋樑書與童詩創作、故事文體、敘事文體、說明文體等的結合教學。在寫作教學課程中，各個主題與不同的文體作結合，透過討論與演出，讓兒童學會互助合作、相互鼓勵的精神。寫作教學的材料選用童詩創作、海洋教育、環境教育、生命教育等四種為橋樑書教學的主題，並分別以童詩創作、故事文體、敘事文體、說明文體等方式呈現。在故事文體方面，以海洋教育作為教學主題，並結合多種文本中的菁華、斷裂、空白來搭配教學，讓學生討論，也讓學生對海洋教育能有更深一層的認識，並學會保護海洋生態以及尊重生命。在敘事文體方面，以多種文本搭配環境教育，作為教學的主題，加強學生對環境教育方面的認知；透過故事的呈現，讓學生體會愛護環境的重要，並藉由故事的討論與演出達到分工合作、互相學習的目的。在說明文體方面，以生命教育為主題，結

合多個文本搭配教學，藉由討論和實際體驗，讓學生學會尊重生命，體會生命的重要，積極活出自己的人生。

　　第六章橋樑書與寫作教學結合的具體作法，首先探討的是新橋樑書的基本「動態」運作。閱讀的教學以課本內容為主，再輔以課外閱讀的補充教材，學生在學習中除了對課本的內容加深印象，也從其他教材中獲得更多的相關知識。閱讀並不一定要從紙面文本中獲得新知，視聽文本、網路文本、藝術動靜態文本也可以讓學生從學習中獲得有益的知識。文本中菁華、空白、斷裂的地方，讓學生以討論的方式，達到強化寫作教學的目的。學生藉由討論獲得了新的知識，而且學習到說話的技巧。透過閱讀教學，連接聆聽和說話、注音符號和識字及寫字教學以及作文教學，學生的學習會有更大的效果。其次探討的是在語文課尋找「斷裂」或「空白」處來進行填補寫作教學。將橋樑書與寫作結合在語文課綜合活動中作強化性的運用，以寫作為手段，引發孩子對學習產生興趣，孩子在和別人的互動過程中達到互相合作的目的；並從觀賞或角色扮演中獲得知識。透過這樣的教學活動，學生除了能夠獲得了課本內的知識，也學習到制式教材以外的相關知識，更重要的是讓學生提升寫作能力，增進語文能力，達到寫作教學的功效。最後探討的是就「特殊」或「精采」片段來從事「強寫作」的教學。如將童詩與寫作實際結合來教學，透過童詩的欣賞，發現童詩中的空白、斷裂與菁華處，再由小組改編，以填補空白、銜接斷裂、延伸發揮菁華等三個方向擇一選取題材改編來討論。藉由各小組間的創作討論與分享，來實現寫作教學的活潑化作用，能帶給學習者更深的體驗與創意，進而在文字創作上有所表現。

　　第七章實務印證與成效評估，在實施的對象方面以異質性的分組方式，讓學生透過合作學習的模式達到學習的功效。在班級裡，由於每個人的程度不盡相同，大家所擁有的才能當然也不一樣。透過異質的方式將學生分組，成員中擁有各種不同的能力，互相學習與交換意見，彼此之間也能互相競爭、合作，成員對教材能夠更加了解，達到精熟的程度。因為互相合作，成員們互相信賴，培養出共同的默契，對於提升學習興趣有很大的助益。至於實施的流程以及工具的運用方面，本研究所實施的對象為四年級的學生，由我（導師）擔任施測者及第一觀察者，學生擔任第二觀察者，並請學校的同事擔任第三參與觀察者，並利用國語課或彈性課程時間，分別進行童詩創作、故事文體、敘事文體及說明文體等四次教學活動。在各個活動中，藉由討論，達到分工合作、相互學習的目的，也達到寫作教學的效果。最後則進行資料的收集與分析檢核。對學生而言寫作教學比一般的上課更覺得有趣，學生覺得自己的語文能力是有提升的。另外，教師從教學活動的觀察紀錄和學生的後測問卷來看，學生的寫作能力及外顯行為有了正向的進步。所以透過寫作與討論，學生對活動產生了興趣，進而引起他學習的慾望，提升了寫作的能力，從而印證本研究所建構理論的高度有效性。茲將本研究的成果展示如下：

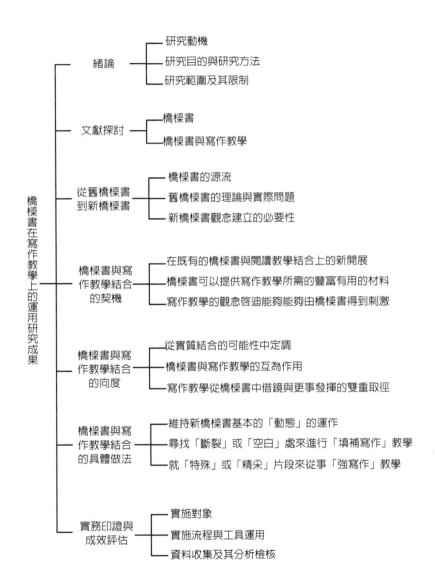

圖 8-1-1　本研究的成果圖

第二節　未來研究的展望

　　橋樑書的定義很廣，所涵蓋的範圍也非常龐大。在深度方面，橋樑書與寫作結合的向度未必只能侷限於本研究第五章所提到文本中的斷裂、空白、菁華，除了以上這三種結合方式以外，尚有許多不同的結合方式，在教學現場的老師一定可以開發出其他的方式來跟不同的文本作結合。這些在本研究中雖然無法一一呈現，但是有興趣的人可以發揮自己的創意，讓不同文本的橋樑書可以作多種的結合，將它們運用在教學上，提升學生寫作的能力。另外，寫作教學的材料選用了海洋教育、環境教育、童詩創作以及生命教育四種為橋樑書的主題，九年一貫課程語文節數被縮減，雖然學校有安排彈性課程，但是由於實施社團以及一些宣導活動，並沒有多餘的時間，所以無法多挪出時間來進行其他的議題教學。有興趣的老師可以邀請學生、家長共同來參與，收集、討論並編輯出適合學生學習的橋樑書教材，同事之間也可以組成一個團隊來編輯橋樑書的教材，然後將它運用在教學中，提升學生學習的興趣，達到強化寫作教學的效果。

　　在廣度方面，橋樑書和寫作的結合還可以更為廣化，除了在本研究中所提到並運用於教學上的童詩創作、故事文體、敘事文體以及說明文體四種寫作活動以外，神話、傳說、傳記、小說、散文……等等，這些不同的文體都可以和橋樑書再擴及嘗試結合，對於教學者、學習者，應該會有不一樣的思考空間及創意的

寫作。然而，由於時間的因素，這些寫作教學方式無法在本研究
內容中一一的舉出來討論，有心要在這個領域鑽研的人，可以再
去尋找其他不同的結合途徑，然後發揮自己的創意，完成一套適
合運用在寫作教學上的教材與教案，讓整個教學活動呈現出更活
潑、更有趣的學習方式，透過寫作教學活動的學習能有效提升兒
童的學習興趣，達到強化學生學習寫作的能力。寫作教學活動需
要多一些時間來進行教材的討論與練習，橋樑書所涵蓋的範圍雖
然多元化，適合於本研究所選擇四種議題的內容也非常多，但在
有限的時間內，教學者無法選擇多種教材和議題來作討論與教
學，只能從有限的資料中作選擇。還有由於時間不夠，以及我個
人的能力尚有不足的地方，因此在這方面的教學上仍然需要再加
強，讓自己有進步的空間。希望藉由此研究讓教學者能自我提升
寫作教學的成效，也藉此研究提供從事教育的人改善寫作教學的
憑藉。另外，在本研究中有關橋樑書教材的編製並沒有讓家長以
及學生加入，未來教學者在作這方面的教學時，可以邀請有興趣
的學生及家長來參與，共同編制適合學生學習的橋樑書教材。但
是倘若由家長和學生參加教材的編製，如此就會比較費時，因為
大家所收集回來的資料，必須加以整理、討論、排序，而且參與
收集的人如果每個人都提出一部分的資料，那麼大家結合起來的
資料將會變得非常龐大。況且教學者在整理完這些資料以後，還
必須對學生作教學，並且帶領學生閱讀，然後再和寫作結合，這
些都是需要時間的。教學活動設定在寫作教學上，寫作教學屬於
語文教學活動的領域，但是在現實情境中並沒有較多的時間可供實
施，這也是本研究的限制所在。因此，在這一方面有賴於對這樣的

教學活動有興趣的老師克服各方面的困難，讓學生除了學習學校的正式課程，還能獲得更多課本以外的知識，增加學生的能力。

上述這些，受到時間及我個人能力不足的限制，因此在教學細節部分也有待教學者再自行修正運用及未來持續的關注討論。許多我能力所不及處理以及無法納入研究的部分，同樣可以一併另行展望。

面對未來資訊快速的社會，可以想見各類的文體和寫作會不斷的推陳出新，但是唯一不變的寫作能力依然會是每一個人必備的基本能力。倘若透過本研究的理論來開展和運用，任何人都可以此為模式作寫作教學及開拓，相信在創意式的思考與經驗的回溯與再造供寫作取材之外，也能刺激想像能力的發揮，開展不同的寫作向度。這正是本研究的展望中最大的目標與期待。

參考文獻

Amalya Nattiv. (1994) Helping behaviors and math achievement gain of student using cooperative learning. *The Elementary School Journal*, 94(3) 285-297.

David Johnson &Roge Johnson r. (1987) *Learning together and alone: cooperative, competitve, & individualistic learng.* Englewood Cliffs, NJ: Prentice-Hall.

Page Kalkowski. (1988) Communication in cooperative learning groups. Paper presented at the *Annual Meeting of the American Educational Research Association* (New Orleans, LA, April 5-9, 1988).

Parker Ruth E.(1985) Small group cooperative learning improving academic, social gains in the classroom. *NASS Bulletin*, 69(479) 48-57.

Slavin Robert E.(1985) Coperative learning: Applying contact theory in desegregated schools. *Journal of Social Issues*, 41(3)45-61.

Wim Nijhot & Piet Kommers. (1985) An analysis of cooperation in relation to cognitive controversy, In Slavin, R., et al. (Eds.). *Learning to cooperate, cooperating to learn*, 125-146.

yahoo 網站（2006a），〈倒立的老鼠〉，網址：http://tw.myblog.yahoo.com/jw!uBrWaWuVGRCBMQkbWuTZbbXDuEM-/article?mid=245，點閱日期：2011.09.27

yahoo 網站（2006b），〈海豚救難記〉，網址：http://tw.myblog.yahoo.com/jw!uBrWaWuVGRCBMQkbWuTZbbXDuEM-/article?mid=245，點閱日期：2012.04.15。

yahoo 網站（2006c）,〈小海鷗鸚鵡之夜〉,網址:http://tw.myblog.yahoo.com/jw!uBrWaWuVGRCBMQkbWuTZbbXDuEM-/article?mid=245，點閱日期：2012.04.15。

yahoo 網站（2007），〈[神話][傳說][民間故事]的差異在哪裡〉，網址：
　　　http://tw.knowledge.yahoo.com/question/question?qid=110504
　　　2507939，點閱日期：2012.03.10。

yahoo 網站（2008），〈說明文的文體〉，網址：http://hk.knowledge.yahoo.
　　　com/question/question?qid=7008100400029，點閱日期：2012.03.10。

yahoo 網站（2012），〈花婆婆方素珍工作坊〉，網址：http://www.wretch.
　　　cc/blog/fsc0203/9585301，點閱日期：2012.03.10。

yahoo 網站（2012），〈臺灣文學作家系列〉，網址：http://www.rti.org.
　　　tw/ajax/recommend/literator_default.aspx，點閱日期：2012.03.10。

Yahoo 網站（2010），〈尊重生命——關懷瀕臨絕種〉，網址：http://life.
　　　cpshs.hcc.edu.tw/index.phtml，點閱日期：2012.04.10。

yahoo 網站（2009），〈臺東鸞山森林博物館〉，網址：http://www.
　　　mobile01.com/waypointdetail.php?id=8911，點閱日期：2012.03.10。

乙武洋匡（1999），《五體不滿足》，臺北：圓神。

子魚（2009），〈跨越繪本閱讀的橋樑書〉，網址：http://tw.myblog.
　　　yahoo.com/jw ! RPO1UfeBHx18eInNeLhiHUqk7Fo-/article？，點
　　　閱日期：2011.09.27。

文學報（2009），〈兒童分級閱讀應當聚焦「橋樑書」〉，網址：
　　　http://news.xinhuanet.com/book/2009-11/10/content_12421958.
　　　htm.udn.com，點閱日期：2011.09.27。

毛綺芬（2006），《創思寫作教學對國小四年級學童創造力及寫作態度影
　　　響之研究》，國立臺南大學教育學系課程與教學碩士論文，未出版，
　　　臺南。

王春苹（2007），《心智繪圖在國小六年級學生寫作教學之行動研究》，
　　　國立屏東教育大學教育科技研究所碩士論文，未出版，屏東。

王翌蘋（2009），《自我調整策略發展寫作教學與概念圖寫作教學對提升
　　　國小六年級學生之寫作自我調整、寫作表現與寫作動機之比較》，國
　　　立屏東教育大學教育心理與輔導學系碩士論文，未出版，屏東。

向天屏(2005)，《國小五年級兒童自我調整寫作歷程的教與學》，國立
　　　臺灣師範大學教育學系博士論文，未出版，臺南。

后江月（2008），〈閱讀與寫作〉，網址：http://blog.udn.com/cgmkm/
　　　1528105#ixzz1vdUjnMjm，點閱日期：2012.04.05。

江佳玫（2008），〈不讓一人落後——以歷史科教學為例〉，《教師之
　　　友》第 49 卷第 3 期，61-65。

朱銘（1989），〈牧童〉、〈牛〉，網址：http://ravenel.com/artwork.php?id=286&lan=tw，點閱日期：2012.04.05。

何三本（1997），《說話教學研究》，臺北：五南。

何琦瑜、吳毓珍（2007），《教出寫作力》，臺北：天下雜誌。

何婉寧（2007），《讀者劇場融入國小高年級國語文寫作教學之行動研究》，國立臺南大學戲劇創作與應用學系碩士論文，未出版，臺南。

李宏哲（2008），《資訊融入語文領域「記敘文」之團班教學與個別指導教學成效比較》，私立亞洲大學資訊工程學系碩士班碩士論文，未出版，臺中。

李娟娟（2008），《國小實施限制式寫作教學之行動研究》，國立中正大學教育研究所碩士論文，未出版，嘉義。

李淑芬（2008），《創意畫圖引導提早寫作教學成效之研究》，國立屏東教育大學中國語文學系碩士論文，未出版，屏東。

李雅靖（2007），《修辭格寫作教學之研究——以國小四年級學生為例》，國立屏東教育大學教育行政研究所碩士論文，未出版，屏東。

李雅寧（2008），〈童書新類「橋樑書」正在悄然興起〉，《中國圖書商報網》，網址：http://www.publishing.com.hk/qubtendency/ TextDetail.asp?TextID，點閱日期：2011.10.21。

李琬蓉（2009），《結合思辯練習的寫作教學研究——以六年級議論文體為例》，國立臺中教育大學語文教育學系碩士論文，未出版，臺中。

李曉琪（2008），《繪本運用在國小作文教學之研究》，國立屏東教育大學幼兒教育學系碩士論文，未出版，屏東。

李麗琴（2012），《橋樑書與戲劇結合在說話教學上的運用》，國立臺東大學語文教育學系研究所論文，未出版，臺東。

吳宜錚（2007），《電子繪本融入記敘文寫作教學歷程之研究》，國立臺北教育大學語文與創作學系碩士論文，未出版，臺北。

吳招美（2010），《調整國小六年級學生寫作觀點之寫作教學的行動研究》，國立臺北教育大學特殊教育學系碩士論文，未出版，臺北。

吳貞慧（2009），《創造思考運用在國小中年級寫作教學之研究》，高雄師範大學國文教育學系碩士論文，未出版，高雄。

吳惠花（2007），《資訊科技融入作文教學模式之探究——以某國小五年級為例》，國立臺北教育大學語文與創作學系語文教學碩士論文，未出版，臺北。

吳蓉燕（2003），《文學創造力的條件與創作的歷程》，國立政治大學教育學系碩士論文，未出版，臺北。

沈秀珍（2008），《松林國小三年七班遊戲作文之寫作教學行動研究》，國立新竹教育大學人資處語文教學碩士班碩士論文，未出版，新竹。

呂秀瑛（2009），《心智繪圖應用於文章構思的研究——以國小六年級學童為例》，國立臺東大學語文教育研究所碩士論文，未出版，臺東。

呂宜幸（2008），《限制式寫作教學方案增進國小學童寫作能力之行動研究》，國立海洋大學教育研究所碩士論文，未出版，基隆。

呂菁馨（2007），《後設認知策略在國小高年級寫作教學之研究》，臺北市立教育大學中國語文學系碩士論文，未出版，臺北。

邢小萍（2008），〈當閱讀教學遇見閱讀素養〉，《教師天地》第154期，34。

林文寶（2000），《兒童文學故事體寫作論》，臺北：財團法人毛毛蟲兒童哲學基金會。

林世仁（2008），《橋樑書帶來的創新思維》，臺北：天下雜誌。

林怡沁（2011），《寫作戲劇化教學》，國立臺東大學語文教育研究所碩士論文，未出版，臺東。

林秀娟（2011），《說演故事在閱讀教學的應用》，臺北，秀威。

林秀娥（2007），《心智繪圖在國小五年級記敘文寫作教學之研究》，國立臺北教育大學語文與創作學系語文教學碩士班碩士論文，未出版，臺北。

林宜利（2003），《「整合繪本與概念構圖之寫作教學方案」對國小三年級學童記敘文寫作表現之影響》，國立臺灣師範大學教育心理與輔導研究所碩士論文，未出版，臺北。

林宜龍（2003），《國小語文領域創造思考寫作教學之研究——個教學視導人員行動研究》，國立嘉義大學國民教育研究所碩士論文，未出版，嘉義。

林欣慧（2006），《學習風格融入心智圖在國小社會領域報告寫作教學之行動研究》，國立臺北教育大學國民教育學系碩士論文，未出版，臺北。

林武憲（2004），〈我們對多元語文教育應有的認識與素養〉，《教師天地》第131期，8-14。

林亭君（2007），《國小學童記敘文中的連接成分使用情況分析——以臺東大學附小例》，國立臺東大學語文教育學系碩士班論文，未出版，臺東。

林俊銘（2004），《國小高年級觀察活動教學與記敘文寫作之研究》，國立花蓮師範學院語文科教學碩士班碩士論文，未出版，花蓮。

林冠宏（2008），《以創造思考寫作教學提升國小五年級學生創造力成效之研究》，國立嘉義大學特殊教育學系碩士論文，未出版，嘉義。

林建平（1996），《創思作文》，臺北：國語日報。

林彥佑（2009），《圖像與修辭技巧結合之寫作教學——以國小四年級為例》，國立臺東大學語文教育究所碩士論文，未出版，臺東。

林柔蘭（2003），《表演藝術融入語文教育之行動研究》，嘉義大學教育學院國民教育研究所碩士論文，未出版，嘉義。

林美琴（2009），〈閱讀與寫作雙贏〉，網址：http://www.taisun.org.tw/qLoveFamilyItem_Show.asp?LoveFamilyItemID=413，點閱日期：2012.04.05。

林美慧（2007），《一位國小專家教師的國語文寫作教學研究》，臺北市立教育大學國民教育研究所碩士論文，未出版，臺北。

林郁展（2003），《概念構圖在國小「過程導向」寫作教學的應用研究》，國立嘉義大學教育科技研究所碩士論文，未出版，嘉義。

林哲永（2009），《看圖作文教學對國小五年級書寫語文學習障礙學生記敘文寫作表現之研究》，國立臺中教育大學特殊教育學系碩士論文，未出版，臺中。

林清輝（2006），《國小記敘文擴寫寫作教學行動研究》，國立新竹教育大學進修部語文教學碩士班論文，未出版，新竹。

林愛玲（2009），〈橋樑書在閱讀寫作初探〉，網址：http://lll.tpc.edu.tw/epaper/?p=1444，點閱日期：2011.03.25。

林煥彰（2007），《我愛青蛙呱呱呱》，臺北：小兵。

林鳳儀（2006），《全語理念在國小一年級寫作教學應用之行動研究》，國立嘉義大學國民教育研究所碩士論文，未出版，嘉義。

林燕（2006），《繪本閱讀融入低年級寫作教學之研究——以概念構圖、低成就學生為研究核心及對象》，國立花蓮教育大學語文科教學碩士班碩士論文，未出版，花蓮。

林麗芳（2009），《科學寫作在國小五年級自然與生活科技課程之應用研究——將語文寫作技巧應用於科學寫作教學》，國立花蓮教育大學國民教育研究所碩士論文，未出版，花蓮。

松居直（2005），《幸福的種子》，臺北：臺灣英文雜誌社。

邱宜瑛（2006），《國小學童記敘文寫作過程之研究》，國立高雄師範大學教育學系碩士論文，未出版，高雄。

邱於芳（2007），《擴詞活動及其結合基礎寫作之教學研究——以花蓮縣白兔國小二年級為例》，國立花蓮教育大學國民教育研究所碩士論文，未出版，花蓮。

邱國禎（2009），《苗栗縣國小六年級語文科「意象、技法、實踐」模組化寫作教學設計對學生寫作能力提升之研究》，國立臺中教育大學數位內容科技學系碩士論文，未出版，臺中。

邱景玲（2006），《鷹架式寫作教學對國小學童寫作成效影響之研究》，臺北市立教育大學課程與教學研究所論文，未出版，臺北。

肯瓦‧皮斯導演（2012），《鯨奇之旅》DVD，臺北：環球。

周琇媚（2010），《PBL 在國小五年級寫作教學之應用》，國立臺中教育大學與文教育學系研究所碩士論文，未出版，臺中。

周慶華（2002），《故事學》，臺北：五南。

周慶華（2004b），《創造性寫作教學》，臺北：萬卷樓。

周慶華（2004a），《語文研究法》，臺北：洪葉。

周慶華（2006），《語用符號學》，臺北：唐山。

周慶華（2007a），《語文教學方法》，臺北：里仁。

周慶華（2007b），《走訪哲學後花園》，臺北：三民。

柯華葳（2006），《教出閱讀力》，臺北：天下雜誌。

柯華葳（2007），〈臺灣需要更多「閱讀策略」教學〉，《天下雜誌教出寫作力》，152-158，臺北：天下雜誌。

屏東縣大光國小網站（2009），《美麗的潮間帶》，網址：http://www.dgps.ptc.edu.tw/，點閱日期：2012.04.05。

姜淑玲（1996），《「對話式寫作教學法」對國小學童寫作策略運用與寫作表現之影響》，國立花蓮師範學院國民教育研究所碩士論文，未出版，花蓮。

約克.米勒（2000），《挖土機年年作響——鄉村變了》，新竹：和英。

范信賢（1998），〈「學生生活經驗中心」的道德課程編寫與教學〉，《教育部臺灣省國民學校教師研習會》，臺北：教育部。

范郁玟（2008），《橋樑書的現象觀察——以【閱讀123】童書系列為例》，國立臺東大學兒童文學研究所碩士論文，未出版，臺東。

洪詩韻（2008），《限制式寫作教學對國小六年級學童寫作成效之研究》，國立屏東教育大學中國語文學系碩士論文，未出版，屏東。

洪蘭譯（1999），麥可‧葛詹尼加著，《大腦比你先知道》，臺北：遠哲。

馬行誼等（2008），《國語文教學理論與應用》，臺北：洪葉。

胡文素（2008），《兒童繪本主題融入提早寫作教學之研究──以苗栗縣建國國小二年二班為例》，國立新竹教育大學人資處語文教學碩士班碩士論文，未出版，新竹。

胡幼慧主編（2002），《質性研究──理論、方法及本土女性研究實例》，臺北：巨流。

洛‧積昆徹導演（2005），《企鵝寶貝》DVD，臺北：華納。

海洋生物博物館（2011），《珊瑚的悲歌》，網址：http://kids.nmmba.gov.tw/story，點閱日期：2012.04.05。

夏婉雲（1988），《穿紅背心的野鴨》，臺北：國語日報。

孫秀鵑（2008），《國小學童日記寫作教學研究》，國立花蓮教育大學國民教育研究所碩士論文，未出版，花蓮。

孫宜旺（2008），《部落格融入寫作教學對國小高年級學童寫作學習成效與寫作態度影響之研究》，國立臺東大學教育學系碩士論文，未出版，臺東。

徐宗國譯（1997），安瑟爾‧史粹勞斯著，《質性研究概論》，臺北：巨流。

徐宗國（2005），《質性研究資料分析》，臺北：巨流。

徐魯（2008），〈橋樑書十大特點和五個好處〉，《新浪親子》，網址：http://baby.sina.com.chttp://baby.sina.com.cn/edu/08/0405/0958110343.shtml，點閱日期：2011.10.23。

徐靜儀（2006），《童話電子書創作教學研究──以某國小五年某班為例》，國立臺北教育大學語文教育學系碩士論文，未出版，臺北。

徐麗玲（2007），《國小二年級感官作文教學研究》，國立臺北教育大學語文與創作學系語文教學碩士班碩士論文，未出版，臺北。

高敬堯（2006），《國小學童記敘文的擴寫研究》，國立臺東大學語文教育學系碩士論文，未出版，臺東。

高碧智（2006），《寫作情境教學對國小二年級學生寫作能力之影響研究》，國立臺南大學國語文學系碩士論文，未出版，臺南。

涂亞鳳（2005），《心智繪圖寫作教學法對國中生語文創造力及寫作表現影響之研究》，私立慈濟大學教育研究所碩士論，未出版，花蓮。

教育主題網（2005），《遇見鯨魚》，網站：http://www.education.ntu.edu.tw/wwwcourse/whale/&sa=U&ei=7q5lT4DwBsLImAXN

5tChCA，點閱日期：2012.04.05。

教育部（2003），《國中小學九年一貫課程綱要:藝術與人文學習領域》，臺北：教育部。

教育部（2008），《國民中小學九年一貫課程綱要：語文學習領域》，臺北：教育部。

喬治.米勒（2006），《快樂腳》DVD，臺北：華納。

張子樟（2008），〈擺盪於圖像與文字之間〉，《自由電子報》，網址：http://www.libertytimes.com.tw/2008/new/mar/10today-article1.htmcity.udn，點閱日期：2011.10.27。

張月美（2006），《繪本融入限制式寫作教學之行動研究》，國立花蓮教育大學語文科教學碩士班碩士論文，未出版，花蓮。

張妙君（2004），《以圖畫故事書進行國小一年級提早寫作教學歷程之研究》，國立新竹教育大學臺灣語言與語文教育研究所碩士論文，未出版，新竹。

張金葉（2008），《擴寫教學對國小二年級學童記敘文寫作之影響》，國立臺東大學語文教育學系研究所論文，未出版，臺東。

張益芳（2008），《國小教師寫作教學方法與國小六年級學生寫作態度關係之研究——以澎湖縣、臺南市為例》，國立臺南大學教育學系課程與教學澎湖碩士班碩士論文，未出版，臺南。

張錦娥（2008），〈重視差異是教養的核心〉，網址：http://tw.myblog.yahoo.com/jw!，點閱日期：2012.04.09。

張繼安（2008），《限制式寫作運用於提昇國小二年級寫作能力之研究》，國立花蓮教育大學國民教育研究所碩士論文，未出版，花蓮。

曹宇君（2006），《「WebQuest 主題探索」寫作教學活動對國小四年級學童寫作學習成效學習動機之影響》，私立佛光大學教育資訊學系碩士論文，未出版，宜蘭。

莊惠秀（2007），《提升國小五年級學生寫作能力之行動研究》，臺北市立教育大學課程與教學研究所碩士論文，未出版，臺北。

莊景益（2007），《心智繪圖結合摘要教學法與寫作教學法對國小四年級學生閱讀理解與寫作能力之行動研究》，國立屏東教育大學教育科技研究所碩士論文，未出版，屏東。

許文章（2001），《故事圖教學對國小六年級學生記敘文寫作表現與組織能力之研究》，國立花蓮師範學院國民教育研究所碩士論文，未出版，花蓮。

許宏銘（2006），《引導式寫作童詩教學歷程之行動研究》，臺北市立教育大學課程與教學研究所碩士論文，未出版，臺北。

許家菱（2005），《電子郵件運用在國小三年級寫作教學之行動研究》，國立高雄師範大學回流中文碩士班碩士論文，未出版，高雄。

許瑞娥（2008），《國小體驗式作文教學研究——以花蓮縣北林國小四年級為例》，國立花蓮教育大學國民教育研究所碩士論文，未出版，花蓮。

連淑玲（2003），《電腦看圖故事寫作對國小二年級學童寫作成效及寫作態度影響之研究》，臺北市立師範學院國民教育研究所碩士論文，未出版，臺北。

陳玉金（2007），〈童書出版現象觀察－銜接圖像進入閱讀的橋樑書〉，《全國新書資訊月刊》第 100 期，32-35。

陳玉金（2008），〈2007 年兒童讀物出版觀察〉，《全國新書資訊月刊》第 109 期，52-56。

陳月珍（2006），《國小限制式讀後感寫作教學研究——以寓言材料為例》，國立嘉義大學國民教育研究所碩士論文，未出版，嘉義。

陳弘昌（1990），《國小語文科教學研究》，臺北：五南。

陳宜貞（2003），《「創造思考教學法」應用於國小六年級作文課程的教學研究》，國立臺中師範學院語文教育學系碩士論文，未出版，臺中。

陳秉章（2006），《兒童看圖寫作能力診斷測驗之編製及其相關研究》，國立高雄師範大學特殊教育學系碩士論文，未出版，高雄。

陳秋妤（2007），《概念構圖寫作教學對國小四年級寫作困難學生寫作學習效果之研究》，國立臺中教育大學特殊教育學系碩士論文，未出版，臺中。

陳美娟（2007），《應用繪本於國小學童寫作教學之研究》，國立屏東科技大學幼兒保育系所碩士論文，未出版，屏東。

陳純純、江文謙、王文秀（2006），《閱讀寫作》，臺北：幼獅。

陳淑霞（2006），《數位化繪本融入國小寫作教學之研究》，臺北市立教育大學數學資訊教育學系碩士論文，未出版，臺北。

陳智康（2007），《故事情境融入數學寫作教學之研究》，國立新竹教育大學人資處語文教學碩士班碩士論文，未出版，新竹。

陳詠潛（2007），《多媒體限制式寫作對學童寫作成效之分析》，國立臺北教育大學教育傳播與科技研究所碩士論文，未出版，臺北。

陳雅菁（2009），《笑話在寫作教學應用之研究──以國小四年級為例》，
　　國立臺北教育大學語文與創作學系碩士論文，未出版，臺北。

陳瑜蓁（2005），《曼陀羅創造性寫作教學方案對國小學生寫作表現、寫
　　作態度、創造力的影響》，臺北市立教育大學創造思考暨資賦優異教
　　育研究所碩士論文，未出版，臺北。

陳瑤成（2007），《線上過程導向寫作環境對國小高年級學童寫作修改影
　　響之研究》，國立臺南大學數位學習科技學系教學碩士班碩士論文，
　　未出版，臺南。

陳鳳如（1998），《閱讀與寫作整合的寫作歷程模式驗證及其教學效果
　　之研究》，國立臺灣師範大學教育心理與輔導研究所博士論文，未出
　　版，臺北。

陳龍安（1998），《創造思考教學》，臺北：師大書苑。

陳鴻基（2007），《「合作式電腦心智繪圖寫作教學」對國小四年級學生
　　寫作成效與寫作態度之影響》，國立臺南大學教育學系科技發展與傳
　　播碩士班碩士論文，未出版，臺南。

粘佩雯（2006），《創造性童詩寫作教學融入國小五年級國語教學之研
　　究》，國立臺中教育大學語文教育學系碩士論文，未出版，臺中。

葛琦霞（2002），《教室 vs.劇場好戲上場囉！》，臺北：信誼。

彭玉丹（2008），《想像作文之教學行動研究──以光明國小四年孝班為
　　例》，國立新竹教育大學人資處語文教學碩士班碩士論文，未出版，
　　新竹。

曾志朗（2000），〈閱讀是多元智慧成功的基本條件〉，《教師天地》
　　第 106 期，4-5。

曾佩綺（2007），《量表診斷寫作教學法對國小四年級學生寫作態度與能
　　力之研究》，國立花蓮教育大學語文科教學碩士學位班碩士論文，未
　　出版，花蓮。

曾淑珍（2008），《遊戲策略應用於創造思考寫作教學之研究》，國立花
　　蓮教育大學國民教育研究所碩士論文，未出版，花蓮。

曾琦雅（2008），《國小四年級應用文寫作教學研究──以臺中市某國小
　　為例》，國立臺北教育大學語文與創作學系碩士論文，未出版，臺北。

曾瑞雲（2003），《國小三年級實施看圖作文教學之行動研究》，國立嘉
　　義大學國民教育研究所碩士論文，未出版，嘉義。

游進昌（2000），《國小兒童圖畫書原住民內容之分析及國小非原住民學
　　生的原住民知識與原住民印象之研究》，國立嘉義大學國民教育研究

　　所碩士論文，未出版，嘉義。

程孅玲（2008），《思考地圖運用於生活故事寫作之研究》，國立新竹教育大學人資處語文教學碩士論文，未出版，新竹。

華特迪士尼（2003），《海底總動員》DVD，臺北：皮克斯動畫工作室。

黃文枝（2007），《繪本閱讀結合寫作教學之研究——以潮州國小一年級學童為例》，國立花蓮教育大學中國語文學系碩士論文，未出版，花蓮。

黃玉萱（2004），《「整合電腦與心智繪圖之寫作教學方案」對國小中年級學生寫作成效之影響》，國立臺南大學教育學系課程與教學碩士班碩士論文，未出版，臺南。

黃秀金（2007），《國小看圖作文教學研究》，國立屏東教育大學中國語文學系碩士論文，未出版，屏東。

黃秀莉（2004），《國民小學限制式寫作之行動研究》，國立花蓮師範學院語文科教學碩士班碩士論文，未出版，花蓮。

黃金印（2007），〈合作學習在綜合活動學習領域教學的應用〉，《國教新知》第54卷第3期，39-48。

黃怡綺（2009），《綜合寫作教學法影響國小二年級學童寫作能力與態度之研究》，國立屏東教育大學教育學系碩士論文，未出版，屏東。

黃郁文（2007），《運用行動學習載具於國小學童網路互評寫作教學之研究》，國立臺南大學數位學習科技學系教學碩士班碩士論文，未出版，臺南。

黃郇英（2005），《幼兒文學》，臺北：心理。

黃郁婷（2003），《國小六年級學生運用網路寫作系統之個案分析》，國立嘉義大學國民教育研究所碩士論文，未出版，嘉義。

黃香梅（2009），《國小六年級學生以電腦寫作的修改策略之研究》，國立臺東大學語文教育學系碩士論文，未出版，臺東。

黃雲輝（1979），〈推動國校講故事活動的意義及其方法運用〉，《教育輔導月刊》，第12期，48-52

黃慧文（2009），《精進國小高年級學生敘寫能力之教學方案設計研究——以次文類為討論基準》，國立臺中教育大學語文教育學系碩士論文，未出版，臺中。

楊素花（2004），《國小六年級寫作教學運用創造思考教學策略之行動研究》，國立臺南大學教育學系課程與教學碩士班碩士論文，未出版，臺南。

楊雅方（2009），《敘說我和小五學童探索寫作的故事》，國立新竹教育大學人資處語文教學碩士論文，未出版，新竹。

楊雅婷（2008），《國小一年級提早寫作教學行動研究》，國立中正大學教學專業發展數位學習碩士論文，未出版，嘉義。

葉家妤（2009），《國小三年級記敘文寫作之教學實踐》，國立臺北教育大學語文與創作學系碩士論文，未出版，臺北。

葉素吟（2007），《國小五年級成語寫作教學研究》，國立臺北教育大學語文與創作學系碩士論文，未出版，臺北。

葉聖陶（2007），怎樣寫作。北京：中華書局。

葉慧美（2007），《國小低年級寫作教學策略之研究》，國立高雄師範大學國文教學碩士班碩士論文，未出版，高雄。

楊栢青（2005），《小組任務結構對不同成就異質分組學生科學學習行為之影響》，臺南大學自然科學教育研究所碩士論文，未出版，臺南。

董郁芬（2007），《協作的概念構圖應用於國小學童寫作歷程之研究》，國立花蓮教育大學國民教育研究所碩士論文，未出版，花蓮。

誠品報告編輯部（2004），〈在圖與字之間——孩子的閱讀也要有階段性〉，網址：http://city.udn.com/54948/2043522，52-56。

詹秋雲（2006），《自然觀察融入童話寫作教學之研究：以中和國小五年級學童為例》，國立新竹教育大學語文學系碩士班碩士論文，未出版，新竹。

廖素凰（2007），《部落格小組互評在五年級作文成效之研究》，國立嘉義大學教育科技研究所碩士論文，未出版，嘉義。

廖慧娟（2007），《兒童戲劇活動導入國小低年級寫作教學之研究》，國立新竹教育大學人資處語文教學碩士班碩士論文，未出版，新竹。

潘淑滿（2008），《質性研究——理論與應用》，臺北：心理。

潘麗珠（2004），〈我對閱讀的一些看法〉，《教師天地》第 129 期，20。

劉佳玟（2006），《創造思考作文教學法對國小五年級學童在寫作動機及寫作表現上的影響》，國立屏東教育大學教育科技研究所碩士論文，未出版，臺東。

劉承翰（2009），《情境式遊戲教學策略輔助國小作文課程效益之探究》，國立臺中教育大學數位內容科技學系碩士論文，未出版，臺中。

劉素梅（2006），《國小三年級學童實施故事結構寫作教學之研究》，國立臺中教育大學語文教育學系碩士論文，未出版，臺中。

劉勰（1988），《文心雕龍》，增訂漢魏叢書本，臺北：大化。

劉錫珍（2006），《科學文章閱讀與寫作教學對國小高年級學童批判思考與科技創造力之影響》，國立新竹教育大學人資處應用科學系教學碩士班碩士論文，未出版，新竹。

蔡佳陵（2007），《國小三年級形象思維寫作教學之行動研究》，國立臺北教育大學課程與教學研究所碩士論文，未出版，臺北。

蔡佩欣（2003），《創思寫作教學對國小低年級學童寫作能力影響之研究》，國立臺中師範學院語文教育學系碩士班碩士論文，未出版，臺中。

蔡易璇（2008），《無字圖畫書融入國小二年級限制式寫作教學之研究》，國立花蓮教育大學國民教育研究所碩士論文，未出版，花蓮。

蔡玲等（2004），《打造孩子閱讀的桃花源——親子共讀指導手冊》，臺北：臺北市

蔡淑菁（2005），《戲劇策略融入國小六年級寫作教學之行動研究》，國立臺南大學戲劇研究所碩士論文，未出版，臺南。

蔡淑娸（2010），〈橋樑早就有了——故事媽媽與橋樑書〉，網址：http://lll.tpc.edu.tw/epaper/?p=1444#more-1444，點閱日期：2011.10.12。

蔡詩韻（2006），《Blog 應用於國小寫作教學對六年級學生寫作能力與寫作態度影響之研究》，國立臺南大學科技發展與傳播研究所碩士論文，未出版，臺南。

蔡慧君等（2008），〈結合繪本與創造性戲劇教學活動對國小三年級學童多元智能的影響效果之研究〉，《兒童與教育研究》第 4 期，187-214。

蔡慧美（2008），《整合大量閱讀與寫作教學之行動研究》，國立嘉義大學國民教育研究所碩士論文，未出版，嘉義。

鄭玉疊（2003），〈語文領域趣味化的說話教學〉，《北縣教育》第 45 期，71-73。

鄭揚達（2010），《澎湖的風土人文與語文教學》，臺北：秀威。

鄭清文（2004），《沙灘上的琴聲》，臺灣：英文雜誌社。

鄭雅玲（2008），《閱讀心得寫作教學對國小低年級學童寫作成效提升之研究》，國立臺中教育大學語文教育學系碩士論文，未出版，臺中。

盧金漳（2002），《創造性童詩寫作教學之探究——以國小五年級一班為例》，國立臺北師範學院課程與教學研究所碩士論文，未出版，臺北。

賴蕙謙（2009），《電子化寫作教學對於學生在寫作態度與寫作表現之影響研究》，國立新竹教育大學課程與教學碩士班碩士論文，未出版，新竹。

賴靜美（2007），《國小六年級看圖寫作教學歷程之行動研究》，國立嘉義大學國民教育研究所碩士論文，未出版，嘉義。

戴昌龍（2007），《國小高年級記敘文「仿寫」教學研究》，國立臺北教育大學語文教育學系碩士論文，未出版，臺北。

謝英玲（2008），《繪本引導式寫作教學之行動研究》，臺北市立教育大學課程與教學研究所碩士論文，未出版，臺北。

謝錫文（2007），《類比兒童詩寫作教學對不同類比能力六年級學生寫作的影響》，國立臺北教育大學教育傳播與科技研究所碩士論文，未出版，臺北。

鍾政洋（2004），《以資訊科技融入概念構圖作文教學之行動研究》，國立臺北師範學院課程與教學研究所碩士論文，未出版，臺北。

藍怡君（2008），《心智繪圖策略結合線上寫作教學方案對國小五年級學童寫作能力提升之研究》，臺北市立教育大學心理與諮商教學碩士論文，未出版，臺北。

顏丹鳳（2005），《資訊科技融入寫作教學──以全語文的觀點為架構》，國立嘉義大學國民教育研究所碩士論文，未出版，嘉義。

鐘玄惠（2002），《國小教師實施創造性教學之研究》，國立嘉義大學國民教育研究所碩士論文，未出版，嘉義。

譚達士（1975），《作文教學方法革新》，臺北：中國書局。

社會科學類　PF0117　東大學術 56

橋樑書在寫作教學上的運用

作　　者 / 黃春霞
責任編輯 / 林千惠
圖文排版 / 王思敏
封面設計 / 陳佩蓉

發 行 人 / 宋政坤
法律顧問 / 毛國樑　律師
出版發行 / 秀威資訊科技股份有限公司
　　　　　114 台北市內湖區瑞光路 76 巷 65 號 1 樓
　　　　　電話：+886-2-2796-3638　傳真：+886-2-2796-1377
　　　　　http://www.showwe.com.tw
劃撥帳號 / 19563868　戶名：秀威資訊科技股份有限公司
　　　　　讀者服務信箱：service@showwe.com.tw
展售門市 / 國家書店（松江門市）
　　　　　104 台北市中山區松江路 209 號 1 樓
　　　　　電話：+886-2-2518-0207　傳真：+886-2-2518-0778
網路訂購 / 秀威網路書店：http://www.bodbooks.com.tw
　　　　　國家網路書店：http://www.govbooks.com.tw

2013 年 5 月 BOD 一版
定價：300 元

國家圖書館出版品預行編目

橋樑書在寫作教學上的運用 / 黃春霞著.-- 一版. -- 臺北
市：秀威資訊科技, 2013.05
　　面；　　公分
BOD 版
ISBN 978-986-326-087-5(平裝)

1. 漢語教學　2. 作文　3. 小學教學

523.313　　　　　　　　　　　　　　　102003827

讀者回函卡

感謝您購買本書，為提升服務品質，請填妥以下資料，將讀者回函卡直接寄回或傳真本公司，收到您的寶貴意見後，我們會收藏記錄及檢討，謝謝！
如您需要了解本公司最新出版書目、購書優惠或企劃活動，歡迎您上網查詢或下載相關資料：http:// www.showwe.com.tw

您購買的書名：＿＿＿＿＿＿＿＿＿＿＿＿＿＿＿＿＿＿＿＿＿＿

出生日期：＿＿＿＿＿年＿＿＿＿＿月＿＿＿＿日

學歷：□高中 (含) 以下　　□大專　　□研究所 (含) 以上

職業：□製造業　□金融業　□資訊業　□軍警　□傳播業　□自由業
　　　□服務業　□公務員　□教職　　□學生　□家管　　□其它＿＿＿

購書地點：□網路書店　□實體書店　□書展　□郵購　□贈閱　□其他

您從何得知本書的消息？

　□網路書店　□實體書店　□網路搜尋　□電子報　□書訊　□雜誌

　□傳播媒體　□親友推薦　□網站推薦　□部落格　□其他＿＿＿＿＿

您對本書的評價：（請填代號　1.非常滿意　2.滿意　3.尚可　4.再改進）

　封面設計＿＿＿　版面編排＿＿＿　內容＿＿＿　文／譯筆＿＿＿　價格＿＿＿

讀完書後您覺得：

　□很有收穫　□有收穫　□收穫不多　□沒收穫

對我們的建議：＿＿＿＿＿＿＿＿＿＿＿＿＿＿＿＿＿＿＿＿＿＿

＿＿＿＿＿＿＿＿＿＿＿＿＿＿＿＿＿＿＿＿＿＿＿＿＿＿＿＿＿＿

＿＿＿＿＿＿＿＿＿＿＿＿＿＿＿＿＿＿＿＿＿＿＿＿＿＿＿＿＿＿

＿＿＿＿＿＿＿＿＿＿＿＿＿＿＿＿＿＿＿＿＿＿＿＿＿＿＿＿＿＿

11466
台北市內湖區瑞光路 76 巷 65 號 1 樓

秀威資訊科技股份有限公司　　　收

BOD 數位出版事業部

┄┄┄┄┄┄┄┄┄┄┄┄┄┄┄┄┄┄┄┄┄┄┄┄┄┄┄┄┄┄┄┄┄┄┄┄┄

（請沿線對折寄回，謝謝！）

姓　　名：＿＿＿＿＿＿＿＿＿　年齡：＿＿＿＿　性別：□女　□男

郵遞區號：□□□□□

地　　址：＿＿＿＿＿＿＿＿＿＿＿＿＿＿＿＿＿＿＿＿＿＿

聯絡電話：(日) ＿＿＿＿＿＿＿＿＿　(夜) ＿＿＿＿＿＿＿＿＿

E - m a i l：＿＿＿＿＿＿＿＿＿＿＿＿＿＿＿＿＿＿＿＿＿